Schriften der Philosophisch-historischen Klasse
der Heidelberger Akademie der Wissenschaften

Band 17 (1999)

INA RÖSING

Geschlechtliche Zeit
Geschlechtlicher Raum

Vorgetragen am 20. Juni 1998

UNIVERSITÄTSVERLAG C. WINTER
HEIDELBERG

Titelbild: Der heilige Kondor der Anden. Aymara-Webarbeit des Altiplano der Provinz Bautista-Saavedra, Bolivien. Sammlung von Prof. Dr. Ina Rösing

Die Deutsche Bibliothek – CIP-Einheitsaufnahme

Rösing, Ina:
Geschlechtliche Zeit - geschlechtlicher Raum ;
vorgetragen am 20. Juni 1998 / Ina Rösing. -
Heidelberg: Winter, 1999

(Schriften der Philosophisch-historischen
Klasse der Heidelberger Akademie der
Wissenschaften; Bd. 17)

ISBN 3-8253-0916-9

ISBN 3-8253-0916-9

Inhalt

1. **Einleitung: Kontext der Forschung** **3**

   1.1 Die Forschungsregion 3
   1.2 Fragestellung, Methoden und Datenbasis 5
   1.3 Der vorliegende methodische Ansatz
       im Kontext der Fachentwicklung Ethnologie 6
   1.4 Eingrenzung der Thematik 9
   1.5 Geschlechtsrollenproliferation im transkulturellen
       Vergleich und der Sonderfall Amarete 10
       (1) Der Berdache. Vier Geschlechter 10
       (2) Das dritte Geschlecht der Gynaegamie 12
       (3) Balkan: Eine weitere Sorte Mann 13
       (4) Typen der Geschlechtsrollenproliferation
           und die Besonderheit des Falles Amarete 14
   1.6 Anmerkungen zum Forschungsprozeß 16

2. **Grunddaten: Ubiquitäre Geschlechtlichkeit** 18

   2.1 Grundmuster der Geschlechtlichkeit in Amarete 18
       (1) Das Geschlecht von Umwelt und Physik 18
       (2) Das Geschlecht von Ackerland und
           von Mann und Frau 20
       (3) Das Geschlecht der Ämter und die Möglichkeit
           des Geschlechtsrollenwechsels 23
   2.2 Alltagspraktische Konsequenzen der Zehnfach-
       geschlechtlichkeit in Amarete 24
       (1) Übersicht 24
       (2) Sitzordnung 27
       (3) Handlungs- und Gehordnung 29
       (4) Paarungs- und Opferordnung 31
       (5) Eckenordnung, Arbeitsteilung, Gastlichkeit 35
       (6) Identität, Solidarität, Sanktion 37

3. Diskussion: Die Ungereimtheiten der amaretensischen Zehnfachgeschlechtlichkeit 39

   3.1 Sonnenaufgang und rechte Hand. Zur „weltlichen"
       Basis der symbolischen Geschlechtsindices 40
       (1) Die Lage des Dorfes am Hang 40
       (2) Die dreifache Geschlechtsbestimmung
           von horizontalem Raum 44
       (3) Ackerqualität und symbolisches Geschlecht 45
   3.2 Zur Frage der Priorität der beiden Geschlechtsindices . . 47
       (1) Die Ungereimtheiten der geschlechtlichen Gliederung
           bei Sitz- und Gehordnung 47
       (2) Der konnotative Bedeutungshorizont der beiden
           Geschlechtsindices im Vergleich 49
       (3) Datenevidenz im Überblick und eine Option für das
           Unentschieden 51
       (4) Das Primat des Weiblichen 53
   3.3 Folgen und Funktionen des Zehnfachgeschlechts 53
       (1) Die Bedeutung der zehn Geschlechter
           und des Geschlechtswechsels für das Verhältnis
           von Mann und Frau 54
       (2) Die Rolle der zehn Geschlechter in der Stärkung der
           andinen Religion: Achtsamkeit und Opferschuld . . . 59

4. Schlußbemerkungen: „Warum?" und „So what?" 65

Danksagung 71

Anmerkungen 72

Verzeichnis der Übersichten 74

Zitierte Literatur 75

1. EINLEITUNG:

Kontext der Forschung

Die vorliegende Arbeit handelt von den zehn Geschlechtern *(gender)* in Amarete (Anden, Bolivien) und der andinen geschlechtlichen Gliederung von Raum und Zeit.

In der Einleitung stelle ich zunächst kurz die Forschungsregion (Abschnitt 1.1) und meine übergeordnete Fragestellung sowie Methoden und Datenbasis (1.2) dar. Auch werde ich meinen eigenen methodischen Ansatz im Kontext der Fachentwicklung Ethnologie verorten (1.3) und die hier zu behandelnde Thematik präzise eingrenzen (1.4). Ich werde den Stand der Forschung zur Geschlechtsrollenproliferation im transkulturellen Bereich darlegen (1.5), um den Sonderfall Amarete kennzeichnen zu können. Schließlich gebe ich mit der „Tarantel", „dem Wort Schwester" und „einer kleinen Obszönität" in der Einleitung auch noch einen kurzen Einblick in die Unwägbarkeiten des ethnologischen Forschungsprozesses (1.6).

1.1 Die Forschungsregion

Die Forschungsregion, in der ich seit 1983 Religion, Ritual und Alltag der Quechua-sprachigen „Kallawayas"[1] untersuche, liegt in den Hochanden Boliviens, nordöstlich des Titicaca-Sees in der Apolobamba-Kordillere an der Grenze zu Peru. Sie ist auch heute noch mindestens zwölf Stunden Lastwagenfahrt von der Hauptstadt La Paz entfernt. Die Kallawaya-Region gehört zu der Provinz Bautista Saavedra mit einer Gesamtfläche von 2525 km² und 9995 Einwohnern (INE: CNPV-92, 1993). Zur Kallawaya-Region gehören etwa 29 Dörfer und viele kleine Streusiedlungen.

Meine Vergleichsregionen sind das umliegende Aymara-sprachige Altiplano, die Anden Süd-Perus und jetzt vor allem der tibetische Kulturraum des Himalaya, speziell West-Tibet, Ladakh.

Die Dörfer der Kallawaya-Region liegen zwischen 3500 und 4400 m Höhe, die Bergwelt ist zerklüftet, die Wege zwischen den Dörfern sind oft weit und beschwerlich. Das Klima ist rauh; in der Regenzeit kann es wochenlang regnen, immer bei knapp über Null Grad, in der Trockenzeit wird es nachts bis minus 20 Grad, tagsüber bis 30 Grad (LAUER 1982). Heizung ist unbekannt – ebenso (mit wenigen Ausnahmen) Licht, Wasserhähne, Toiletten. Man lebt mit dem Tageslicht und bei nächtlichen Ritualen mit Kerzen, man holt das Wasser von Quellen und vom Fluß.

Die fensterlosen Hütten (in der Regel 20 – 30 qm groß) sind aus Erdbacksteinen gebaut, gedeckt mit Stroh und neuerdings Wellblech. Hier haust die ganze zehn- oder mehrköpfige Familie sowie das Kleinvieh. In der Hütte wird gelebt, gekocht, geschlafen, geboren, gestorben.

Die Menschen dort haben viel Erfahrung mit Sterben und Tod. Die Kindersterblichkeit beträgt etwa ein Drittel. Sehr hoch ist auch die Kindbettsterblichkeit. Die allgemeine Lebenserwartung ist nicht viel mehr als 47 Jahre[2]. Die Sterberate (Sterbefälle 1991 in Prozent der Bevölkerung) liegt in der Kallawaya-Region (2,6%) deutlich höher als im nationalen Durchschnitt Boliviens (1,8%) oder der übrigen ländlichen Region des Departements La Paz (2,0%), zu welchem die Provinz Bautista Saavedra gehört (INE: CNPV-92, 1993). Immer wieder grassieren in der Region Epidemien, die in einer Familie gleichzeitig drei, vier oder fünf Kinder davonraffen (vgl. den Fall des *compadre* Pascual, Pedro, Mario usw.). Die Versorgung mit sogenannter westlicher Medizin ist dürftig[3], die Versorgung mit traditioneller Medizin um so besser – hier sind schließlich die früher in weiten Teilen Südamerikas und heute noch in ganz Bolivien und Teilen Perus bekannten Kallawaya-Medizinmänner zu Hause. Aber diese traditionellen Heiler kennen sehr genau ihre Grenzen: Verletzungen, Tuberkulose, schwere Infektionen – das alles ist nicht „für ihre Hand".

Die Bewohner der Kallawaya-Region leben überwiegend von Akkerbau und ein wenig Viehzucht (MAHNKE 1985), in den Dörfern über ca. 4100 m ausschließlich von der Lama- und Alpakazucht. Die Weiden der Tiere reichen bis auf 4800 m. Es handelt sich um reine Subsistenzwirtschaft bei starkem vertikalen Austausch der wenigen Nahrungsmittel zwischen den verschiedenen Höhenstufen (SCHOOP 1982a, 1982b).

Die katholische Kirche ist fest installiert in der Kallawaya-Region, alle Indianer sind äußerlich Katholiken, und sie folgen in unerschütterlichem Glauben ihrer autochthonen andinen Religion. Es gibt zwar auch hier in der Region die Schulpflicht, aber die Schule wird in Spanisch abgehalten, dauert nur sieben Jahre, wird selten besucht und änderte bisher nicht viel an dem weit verbreiteten Analphabetismus. Für Buchstaben ist in der Region noch kein sehr großer Bedarf.

Doch ist die Region – gerade auch innerhalb meines Beobachtungszeitraumes (15 Jahre) – in erheblichem Umbruch. Sogenannte Modernisierungsprojekte, Geldwirtschaft, Stadtabwanderung, das Wirken militanter evangelikaler Sekten, politisch geförderter Indigenismus – das sind nur einige der Ursachen des Wandels, auf den ich in diesem Kontext jedoch nicht eingehen kann (vgl. RÖSING 1993, 38–59).

1.2 Fragestellung, Methoden und Datenbasis

Ausgangspunkt meiner andinen Forschung war die Untersuchung der außerordentlich vielfältigen Heilungsritualistik der dortigen Kallawaya-Medizinmänner. Die Untersuchung der nächtlichen Heilungsrituale im Kontext der Familie führten mich zur Erforschung der von Dorf zu Dorf stark variierenden Kollektivrituale, die viele Tage und Nächte dauern und das Wohl der ganzen Dorfgemeinschaft und ihrer Lebensbasis sichern sollen.

In beiden Untersuchungssträngen geht es mir zentral um die Frage der Wirkung Symbolischer Heilung, der Beziehung der beiden Religionen (der christlichen und der andinen) im rituellen Prozeß und um die Korrelate von Traditionsgebundenheit und Traditionsverlust.

Methodisch betreibe ich konsequent „sprechende" Anthropologie, wie ich sie in Abgrenzung zu der viel weiter verbreiteten (weil bequemeren) „stummen" Anthropologie nenne. Sprechende Anthropologie ordnet sich ein in das, was man heute „dialogische Anthropologie" oder „polyphone Ethnographie" nennt, und setzt sehr gute Sprachkenntnisse seitens des Forschers voraus.

In der stummen Anthropologie redet nur einer: der Forscher. Die sogenannten Beforschten kommen nicht zu Wort, sie bleiben stumm, sei es, weil der Forscher ihre Sprache nicht spricht oder sei es, weil er sich der in der Tat aufwendigen Arbeit, alles mit Tonband aufzunehmen und zu transkribieren, nicht unterziehen möchte.

Sprechende Anthropologie heißt konkret: Neben teilnehmender Beobachtung und Feldforschungsprotokoll nehme ich den gesamten hörbaren Prozeß auf. Ich habe 80 zum Teil mehrtägige Kollektivrituale mit Alltagssprache und Sakralsprache auf Band, 180 weiße, graue und schwarze Heilungsrituale, hunderte von Stunden meiner sieben mehrmonatigen Lehren bei Kallawaya-Medizinmännern und -Medizinfrauen und auch die 679 ausführlichen Gespräche mit Ritualisten und Ritualkennern. Die Tonbänder sind in der Originalsprache Quechua (ein Teil auch in Aymara), das gesamte Material wird transkribiert und füllt bisher 199 Bände, die ungefähr sieben Meter meiner Bibliothek ausmachen.

Diese Transkripte sowie die ausführlichen Forschungsprotokolle, die Forschungstagebücher (welche mir eine kritische selbstreflexive Analyse der Daten erlauben) und die photographischen Aufnahmen sind die Rohdaten meiner Andenforschung.

Besonders umfangreich ist das Material, welches sich auf Amarete bezieht (15 Kollektivrituale, 16 Heilungsrituale, 199 Informationsgespräche). Denn Amarete ist nicht nur das traditionsgebundenste Dorf der ganzen Region, sondern es hat auch eine einmalig elaborierte und komplizierte Ritualistik, wie sie in keinem anderen Dorf der Region existiert.

In den letzten Jahren hat meine Forschungsmethode – gerade die in Amarete – eine qualitative Erweiterung erfahren. Die Amareteñer sind Mit-Forschende geworden und einige von ihnen werden Koautoren meines Buches.

1.3 Der vorliegende methodische Ansatz im Kontext der Fachentwicklung Ethnologie

Die Zeiten nach Malinowski, in denen sich das Fach Ethnologie gemütlich in dem Selbstverständnis als eine „echte Wissenschaft" eingerichtet hatte, sind vorbei. Eine epistemologische, ideologische, postmodernistische Fundamentalkritik ist über das Fach hinweggefegt, wonach Ethnologie nicht viel mehr ist als Subjektivität, Poesie und Politik (CLIFFORD und MARCUS 1986).

Die Fundamentalkritik hatte eine selbstlähmende *malaise* im Fach ausgelöst – aber auch eine Gegenbewegung herausgefordert, woraus sich aus den Trümmern der radikalen „Dekonstruktion" ein neues Selbstverständnis der Ethnologie aufzubauen beginnt (vgl. z. B. SPIRO 1996, BOWLIN und STROMBERG 1997, D'ANDRADE 1995, 1997, REYNA 1994, KUPER 1994, LINDHOLM 1995, 1997).

Die Fundamentalkritik war nützlich und sie war erfolgreich (zur Nachzeichnung dieser Entwicklung vgl. KOHL 1993, GOTTOWIK 1997). Das neue Bild der Ethnologie ist mit drei Merkmalen zu umschreiben (KOHL 1993, CLIFFORD 1986):

1. Ethnologie ist SELBSTREFLEXIV geworden. Heute kann es sich kein Forscher mehr leisten, eine Ethnographie darzulegen, ohne eine nachhaltige kritische Reflexion und Dokumentation seiner eigenen Subjektivität.
2. Ethnologie ist KONTEXTUALISIERT worden. Es gibt nicht mehr „den Nuer", „den Navaho" usw. Der Diskurs wird spezifiziert (CLIFFORD 1986): Wer spricht da wann mit wem über was unter welchen persönlichen, institutionellen und politischen Bedingungen? Diese Kontextualisierung hebt einen vermeintlichen Konsens der Ethnographierten auf. Auch fremde Kulturen sind nicht einheitlich. Folglich ist jede Beschreibung partiell. Ethnologie wird multifokal, der Forscher rückt aus dem Mittelpunkt heraus, die Beschreibung wird polyphon.
3. Wo Subjektivität nur immer wieder von Neuem zu reflektieren, nie aber gänzlich auszuschließen ist, kann auch Macht eindringen. Die neue Ethnologie ist sich der ETHISCHEN Dimension bewußt geworden, durch welche politischen und ideologischen Bedingungen sie selbst geprägt wird und welche politischen und ideologischen Auswirkungen sie hat. Sie hat Verantwortung übernommen, schreibt nicht mehr nur „über" den Anderen, sondern setzt sich dessen prüfendem Urteil aus (GOTTOWIK 1997).

Damit ist das ethnologische Unternehmen sehr viel bescheidener geworden und gleichzeitig sehr viel komplexer. Ihr bisher eher a-historisch und statisch gezeichneter Gegenstand – fremde Kulturen – hat sein Gesicht gewandelt. Kultur ist „*contested, temporal and emergent*" (CLIFFORD 1986). Ihren eigenen Gegenstand festschreibende *grand theories* sind nicht mehr gefragt. Widersprüche sind nicht unanständig. Wandel ist eine Grundkategorie. Kultur und Kulturbeschreibung bekommt den Charakter eines dynamischen, fortlaufenden Prozesses. Die Selbstlähmung des Faches ist konstruktiv überwunden. Daß es Subjektivität, Macht und Interesse gibt, bezweifelt niemand. In seinem Werk „Angst und Methode in den Verhaltensweisen der Wissenschaft" sah DEVEREUX (1973) nicht in der Subjektivität, der Übertragung und Gegenübertragung, das Problem – im Gegenteil: Sie sind selbst vorzügliche Daten –, sondern in deren Nichtreflexion oder Fehlbehandlung.

Unerschütterliche Wissenschaftsgläubigkeit und *mind numbing scepticism* (BOWLIN und STROMBERG 1997) sind damit gleichermaßen obsolet. BOWLIN und STROMBERG (1997) empfehlen eine Haltung, die sie NOA nennen: *natural ontological attitude*. Dabei geht es darum, das Beobachtete für sich sprechen zu lassen, ohne Theorie, es in den Zusammenhang anderer Beobachtungen zu stellen, unermüdlich ebenso nach weiterer Evidenz wie Gegenevidenz zu suchen und stets offen zu sein für Revision – mit anderen Worten *epistemic humility* zu praktizieren, wie sie es nennen. Diesem Aufruf wäre D'ANDRADES (1995, 1997) Plädoyer für eine auch ethische Bescheidenheit hinzuzufügen, bei der sich eine „moralische" Position nicht VOR den Daten präsentiert sondern MIT diesen.

Wie ordnet sich meine eigene Forschung in diesen weiteren Kontext der Fachentwicklung ein? Was ich als sprechende Anthropologie bezeichnet und konsequent praktiziert habe, ist eine Zurückstellung des Forschers und seiner Theorien – eine radikale Defokalisierung des Ethnologen – und ein Verfahren der Herstellung von Polyphonie, in welcher auch Widersprüche ihren legitimen Platz haben. Daß hier nicht nur etwas entdeckt wird – vgl. die zehn Geschlechter – sondern gleichzeitig auch gestaltet und „konstruiert" und damit gewissermaßen für die Kultur nicht nur GEfunden, sondern auch ein als höchst subtil zusammenhängendes Netz von Regeln „ERfunden" und „geschaffen" wird – bleibt nicht unbewußt, sondern wird explizit auch gerade im Dialog mit den „Beforschten" deutlich, die nach anfänglich großem Staunen über die Ergebnisse des sogenannten ethnologischen Blicks (der Vertrautes verfremdet und auf diese Weise durchaus neue Seiten zu erkennen gibt) zu Mit-Forschenden werden.

1.4 Eingrenzung der Thematik

In meinem vorliegenden Beitrag konzentriere ich mich auf einen Ausschnitt der vielfältigen Tradition von Amarete: die zehn Geschlechter (ein Phänomen, das, nach allem, was ich weiß, ein Unikat in den Anden darstellt) und ihre Strukturierung von Handlung, Zeit und Raum. Vorab darf ich umreißen, was ich im folgenden vorhabe, und was ich in diesem Beitrag NICHT leisten werde. Mein Vorhaben:

1. Ich möchte das System der zehn Geschlechter nicht nur als gewissermaßen erbrachtes Ergebnis darlegen, sondern den Leser auch am Forschungsprozeß teilhaben lassen und zumindest andeuten, wie ich die zehn Geschlechter von Amarete überhaupt „entdeckt" und das Regelsystem ihrer Kombinatorik in buchstäblich jahrelanger Arbeit nach und nach rekonstruiert habe.
2. Ich möchte auch zeigen, daß die zehn Geschlechter von Amarete dort kein esoterisches Spiel mit Etiketten sind, sondern weitreichende praktische Konsequenzen in Raum und Zeit haben: im Alltag, in der Arbeit, im Ritual, in der „Paarung".
3. Auch möchte ich die Konzipierung von zehn Geschlechtern in das weitere andine Denken einordnen und im Kontext der besonderen Bedingungen von Amarete interpretieren.

Was ich nicht leiste:
1. Ich verstehe meinen Beitrag als einen „Werkstattbericht". Meine Entdeckungsreise zur Frage der zehn Geschlechter ist noch nicht zu Ende. Ich fahre noch weitere Male nach Amarete und habe noch Fragen und Widersprüche im Gepäck. Ich lege hier also kein fertig verschnürtes aseptisches Ergebnispaket vor.
2. Zweitens bleibe ich einen guten Teil der Warum-Antwort schuldig. Im Bereich der Kulturen der Menschheit nimmt die Frage nach dem Warum vor allem die Gestalt von Geschichte und Funktion an:
   – Wie leitet sich ein bestimmtes kulturelles Merkmal historisch her, wie hat es sich entwickelt?
   – Welche Funktion erfüllt es im Gesamt des kulturellen Systems und im Blick auf die ökologische und ökonomische Grundlage der Kultur?

Zu der ersten Frage erlaubt der Stand der Forschung keinerlei Antwort. Bisher steht ethnohistorische Forschung speziell zu Amarete aus, die vorliegende ethnohistorische Forschung zur Region (MEYERS 1997) gibt keine Hinweise. Wie hat sich das alles entwickelt? Diese Frage ist bisher unbeantwortbar. – Zu der zweiten Frage – die Frage der Funktion – werde ich zwar einige vorsichtige Deutungen präsentieren, aber es wäre unkritisch und unbescheiden, sie als unumstritten zu behaupten. Dieses doppelte Caveat gilt für die gesamte hier vorgelegte Arbeit.

1.5 Geschlechtsrollenproliferation im transkulturellen Vergleich und der Sonderfall Amarete

Geschlecht hat zwei Bedeutungen. Die englische Sprache unterscheidet diese durch zwei verschiedene Worte – *sex* und *gender*. Die erste Bedeutung von Geschlecht (*sex*) ist das biologische Geschlecht, die zweite (*gender*) das SOZIALE Geschlecht. *Gender* kann man im Deutschen mit „Geschlechtsrolle" umschreiben, die kulturell und sozial geprägten Erwartungen und Normen in Bezug auf ein Geschlecht. Ich nenne das soziale Geschlecht auch das „symbolische" Geschlecht.

Im transkulturellen Vergleich sind nicht *sex,* sondern *gender* unterschiedlich – schließlich sind es weltweit die Männer, welche Kinder zeugen, und die Frauen, welche Kinder gebären. Biologisch betrachtet – lassen wir die seltenen transsexuellen Varianten außer acht – gibt es nur zwei Geschlechter. In unserer Kultur gibt es auch nur zwei GeschlechtsROLLEN: die männliche und die weibliche. In anderen Kulturen aber kennt man drei oder vier oder – so in Amarete – zehn Geschlechter.[4] Aus dem reichen ethnologischen Material zur Geschlechtsrollenproliferation[5] möchte ich drei Beispiele auswählen (wobei ich die temporäre kultische Geschlechtsumwandlung, eine Form des rituellen Transvestitentums, hier auslasse), um den Raum kultureller Erfindung zu skizzieren, in den Amarete eingeordnet werden muß.

(1) Der Berdache. Vier Geschlechter

Viele nordamerikanische Indianerstämme kennen vier soziale Geschlechter[6]. Einem Jungen liegt vielleicht die kriegerische Rolle nicht, die ihm als biologisch männlich eigentlich zugeschrieben wird, er macht lieber Frauenarbeit, er träumt lieber und hat auch Visionen, die auf seine besondere Berufung als Medizinmann hindeuten. Werden solche Neigungen entdeckt, so werden diese auch unterstützt. Der Junge darf sich kleiden wie ein Mädchen, und er beginnt Frauenarbeiten zu lernen. Es sind in der Regel KEINE Homosexuellen, die in diese Rolle wachsen. Berdachen sind oft auch mit Frauen verheiratet. Berdache zu sein ist nicht von den sexuellen Neigungen her definiert, sondern von Kleidung, Arbeitspräferenz und manchmal auch spiritueller Berufung. Entsprechend gibt es auch eine männliche Ausweichrolle für die Frau, also einen weiblichen Berdachen.

Daraus ergibt sich, daß diese Indianerstämme vier soziale Geschlechter kennen: den Mann, die Frau und die beiden Berdache-Geschlechter, d. h. die Frau, welche sich zum Mann gewandelt hat und der Mann, der sich zur Frau gewandelt hat. Der Wandel bezieht sich auf ein verändertes Rollenverständnis durch Übernahme von Aufgaben, Kleidung und Verhalten des anderen Geschlechts.

Es werden eindeutig auch verschiedene Formen der sexuellen Beziehung unterschieden, und diese werden unterschiedlich bewertet (vgl. JACOBS und CROMWELL 1992):

– heterosexuelle Beziehungen zwischen Mann und Frau,
– homosexuelle Beziehungen zwischen zwei Männern oder zwischen zwei Frauen,
– bisexuelle Beziehungen: sexueller Kontakt zu Männern und zu Frauen,
– tri-sexuelle Beziehungen: der Kontakt zu Frau und Mann und einem Berdachen („Mann" oder „Frau").

Wenn der Berdache als das angesehen würde, was er vor seinem Geschlechtsrollenwandel war – sagen wir Mann –, oder aber als das Geschlecht, das er nach der Wandlung angenommen hat, dann könnte nicht von Tri-Sexualität gesprochen werden. Der Berdache jedoch wird tatsächlich als ein drittes Geschlecht (*gender*) angesehen. Und da ein Mann oder eine Frau das dritte Geschlecht haben und sich heterosexuell verheiraten kann, kann man von vier Geschlechtern (*gender*) sprechen. Es gibt auch entsprechend vier verschiedene Worte für diese vier Geschlechter.

Die Berdachen-Institution ist nur eines der vielen Beispiele von Geschlechtsrollenproliferation in den Kulturen der Welt. In den meisten Fällen von Geschlechtsrollenproliferation gibt es allerdings nur EIN weiteres – ein drittes – soziales Geschlecht. Dafür möchte ich ein Beispiel aus Afrika und eines aus Europa erwähnen.

(2) Das dritte Geschlecht der Gynaegamie

Gynaegamie ist die Eheschließung zwischen zwei Frauen. Diese Form der Ehe gibt es bei immerhin vierzig Stämmen Afrikas[7]. Diese institutionalisierte Verbündung zwischen zwei FRAUEN ist eine echte Ehe. Denn Ehe ist definiert als

„eine sozial anerkannte und vertraglich fixierte Lebensgemeinschaft zwischen mindestens zwei Personen"

(„unterschiedlichen Geschlechts", dieses Bestimmungselement lasse ich hier einmal weg; auch können es natürlich mehr als zwei Personen sein wie in der Polygynie[8] sowie Polyandrie und Polygyandrie[9]),

„welche ökonomische sowie sexuelle Rechte und Pflichten beinhaltet und durch den unmittelbaren Heiratsvollzug eine öffentliche Bestätigung erfährt" (HIRSCHBERG 1988),

wobei die Hauptfunktionen der Ehe
– die gemeinschaftliche Reproduktion (Kinder),
– die gemeinschaftliche Produktion (Ernährung) und
– die gemeinschaftliche Enkulturation (Kindererziehung) sind.

Unter dieser durchaus pointierten Definition von Ehe – ist die afrikanische Heirat von Frauen untereinander tatsächlich eine Ehe: Dabei heiraten ältere Frauen – meist sind sie schon verheiratet oder auch verwitwet – eine andere jüngere Frau. Sie bezahlen den für die Ehelichung eines Partners üblichen Brautpreis, und es wird das Ehezeremoniell genauso vollzogen wie bei einer Mann-Frau-Ehe. Die ältere Frau gründet damit eine eigene Familie und läßt ihre Partnerin mit Männern schlafen, damit Kinder gezeugt werden. Die Kinder gehören den beiden

Frauen, nicht etwa dem Zeuger. Die Kinder beerben auch ihre beiden weiblichen „Eltern".

Dies ist, wie erkenntlich, nicht vergleichbar mit einem lesbischen Bündnis in unserer Kultur. Erst, wenn bei uns ein solches Bündnis nach den gleichen Regeln der Eheschließung geschlossen werden könnte und Regelungen ausgearbeitet wären, wie diese miteinander verheirateten Frauen zu Kindern kommen, könnten wir von Gynaegamie sprechen. In Afrika aber ist es tatsächlich eine Ehe zwischen zwei Frauen, denn es wird das übliche Ehezeremoniell vollzogen, einschließlich der Brautpreiszahlung, und das Bündnis wird geschlossen zum Zweck der Reproduktion, Produktion und Enkulturation.

Welche „älteren" Frauen gehen ein solches Bündnis ein? Es sind meist kinderlose Frauen oder solche, die nur Töchter haben, oder Frauen jenseits des gebärfähigen Alters oder Witwen. Oft sind es auch vor allem wohlhabende Frauen – sie müssen schließlich eine Familie ernähren. Früher war es die ältere Frau, welche den Mann oder die Männer für die Kinderzeugung aussuchte, heute ist es meist die jüngere Frau selbst. Der Zeuger der Kinder hat ansonsten keine Rechte und keine Pflichten.

Mit dieser Eheschließung hat die ältere Frau die männliche Rolle. Sie wird sozial zum Mann: Sie kann an Männerversammlungen und männlichen Initiationsriten teilnehmen, was sonst keine Frau darf. Sie darf auch keinen sexuellen Kontakt mehr mit Männern haben, sonst wird sie als homosexuell angesehen – und das ist verpönt. Diese Mann-Frau-Rolle konstituiert also ein drittes Geschlecht.

(3) Balkan: Eine weitere Sorte Mann

Ein drittes Beispiel kommt aus Europa (GREMAUX 1994), aus dem Balkan, den Dinarischen Bergen, die sich von Bosnien-Herzegovina bis Albanien ziehen. Es ist eine unfruchtbare und zerklüftete Region, in der man seinen Lebensunterhalt als Ackerbauer und Viehzüchter nicht leicht verdient. In dieser Region gab es noch in diesem Jahrhundert die Möglichkeit, daß ein Mädchen voll in die soziale Rolle eines Mannes wechselte, was dann geschah, wenn keine männlichen Erben da waren. Dieses zum Mann erklärte Mädchen, das dann konsequent männlich erzogen wurde, kleidete sich männlich, handelte männlich und wurde öffentlich als Mann anerkannt. Sie hatte unverheiratet zu bleiben zwecks Besitzerhalt innerhalb der Familie.

In mancher Hinsicht galt er/sie jedoch auch als Frau. Wenn ein Mann einen anderen geschlagen hatte, so konnte er von den Männern der anderen Familie seinerseits geschlagen werden. Ein SOLCHER Mann – biologisch Frau – aber nicht. Es galt dies als absolut verpönt: Man schlägt keine Frau. Hier war dieser soziale Mann dann doch eine Frau. Er/sie konnte sich also durchaus ungestraft an Schlägereien beteiligen. Diese Art des Geschlechtsrollenwechsels gibt es auch in anderen Kulturen, z. B. die Nandi in Afrika. Dort kann eine noch nicht verheiratete Tochter zum Mann erklärt werden, die dann in gynaegamer Ehe eine Frau heiratet und das Gehöft des Vaters übernimmt (TIETMEYER 1994).

(4) Typen der Geschlechtsrollenproliferation und die Besonderheit des Falles Amarete

Bringen wir ein wenig Ordnung in die außerordentliche Vielfalt im Bereich der kulturellen Geschlechts-Definitionen oder der Geschlechtsrollenproliferation in den Kulturen der Welt, so zeigt sich, daß es eigentlich nur vier Hauptphänomene gibt:

1. Die Übernahme auf Dauer der Rolle des anderen biologischen Geschlechts (der weibliche Ehemann der afrikanischen Gynaegamie; die Mann-Frau des Balkans).
2. Die Konstruktion einer zusätzlichen Geschlechtsrolle, die ebenfalls dauerhaft übernommen wird (Berdache).
3. Die temporäre Übernahme eines anderen sozialen Geschlechts, z. B. im Ritual, im institutionalisierten Spiel oder in der Ausübung von spirituellen Rollen. Das Phänomen kommt z. B. im Schamanismus vor, ich habe es hier nicht behandelt (vgl. z. B. BLEIBTREU-EHREN-BERG 1970, 1984, 1997).
4. Und viertens gibt es Kulturen, in welchen ein Mensch mehr als ein soziales Geschlecht gleichzeitig haben kann und das soziale Geschlecht temporär änderbar ist.

Dieser letztgenannte Fall – und ich kenne keinen anderen – ist der von Amarete. Der Fall Amarete ist in mehrfacher Hinsicht ganz ungewöhnlich:

1. Es handelt sich hier um eine Geschlechtsrollenproliferation in einem Ausmaß, wie sie bisher (meines Wissens) noch für keine andere

Kultur beschrieben wurde: zehn Geschlechter. Ebenfalls ungewöhnlich ist, daß die Menschen ein symbolisches Doppelgeschlecht haben.

2. ALLE Menschen haben für die gesamte Lebenszeit von Geburt bis Tod eines von diesen zehn sozialen Geschlechtern.

3. Eine dritte Besonderheit dieses Falles ist, daß es auch institutionalisierte Formen des temporären Geschlechtswandels gibt. Man kann also sein symbolisches Geschlecht ändern, z. B. als biologischer Mann, der man ist, mit dem sozialen Geschlecht Mann-Frau – zur Frau-Frau werden.

4. Dieses Beispiel ist auch etwas Besonderes, weil das soziale Geschlecht vom Acker bestimmt wird, den man besitzt, und der Geschlechtswandel (jedenfalls bei Männern) vor allem vom Amt, das man übernimmt.

5. Und schließlich ist im Fall von Amarete das „Zusatzgeschlecht" ausschließlich im Handeln erkennbar. Sichtbare Attribute, jede Form des Transvestitentums fehlen.

Nun kann kein Amareteñer dieses Faktum der zehn Geschlechter einfach „mitteilen". Niemand wird sagen können: „Also, es ist so, bei uns gibt es zehn Geschlechter, die werden so und so definiert, sie kommen da und da her und haben diese und jene Folgen..." Die Zehnfachgeschlechtlichkeit ist kein abrufbares abstraktes Konzept, sie ist *embodied,* leiblich kodiert, und nur schwer vermittelbar außerhalb von Handlung in Raum und Zeit.

Das mag auch der Grund sein, warum es bisher niemand „entdeckt" hat. Weder andere Forscher haben sie entdeckt noch die Bewohner der umliegenden Dörfer. Da gibt es einen Mestizen aus dem Hauptdorf der Region, Charazani, ein gebildeter und kluger Mann. Sein Vater war viele Jahre *corregidor* (Vogt, Landrichter) in Amarete, die Familie hat jahrelang dort gelebt. Auch war der besagte Mestize Subpräfekt (oberste Autorität) der Provinz und hatte als solcher viel in Amarete zu tun. Er war mein Mitarbeiter schon seit Jahren, und er war bei zahllosen Amarete-Ritualen dabei. Er spricht selbstverständlich perfekt Quechua, während ich mir erst mühsam diese schwierige Sprache erobert habe. Aber er hat von den zehn Geschlechtern in Amarete nichts gewußt, er hat nichts je bemerkt, und seine Übersetzungen der Geschlechtsbezeichnungen waren jahrelang falsch.

Bevor ich das System der zehn Geschlechter darlege, möchte ich an drei Beispielen andeuten, wie ICH es herausgefunden habe. Das hat etwas mit dem sogenannten „ethnologischen Blick" zu tun. Dieser darf wirklich nie ermüden, nichts für selbstverständlich oder alltäglich nehmen und muß jede noch so kleine Abweichung registrieren. Auch winzige, derzeit unbedeutende oder undeutbare Begebenheiten oder Beobachtungen müssen sorgfältig im Kopf bzw. im Feldforschungsprotokoll archiviert werden.

1.6 Anmerkungen zum Forschungsprozeß

Als ich mit meiner Anden-Forschung anfing – habe auch ich in den Anden nichts weiter gesehen als Mann und Weib als zwei feststehende Kategorien – wie bei uns. Wie bin ich nun von dieser voreiligen, DUMMEN, ethno-zentrischen Annahme, es gäbe in den Anden nur zwei Geschlechter, heruntergekommen? Ich berichte erstens von einer Tarantel, zweitens einem Quechua-Wort, welches „Schwester" heißt, und drittens von einer kleinen Obszönität.

(a) Ich bin in einer Hütte in Amarete, sie ist vielleicht 4 x 6 m groß. Es ist Nacht. Die Hütte ist mit wenigen Kerzen beleuchtet. Wir befinden uns in einem Ritual. Es sind mehr als vierzig Menschen in dieser engen Hütte, Männer und Frauen, es herrscht enormes Gedränge.

Ich sitze zu Beginn dieses Rituals bei den Frauen auf dem nackten Erdboden. Ich sitze außerdem ganz nah an der Wand aus rohen Erdbacksteinen. Ich entdecke an der Wand, die so dicht an meiner Schulter ist – eine Tarantel. Ich rühre mich nicht. Ich bin schließlich bei der Arbeit. Ich achte nur darauf, daß ich nicht noch MEHR an die Wand gerate.

Verspätet kommt Maria in die Hütte. Sie grüßt, windet sich mühsam durchs Gedränge und beginnt, sich just so zwischen zwei andere Frauen zu zwängen (dort ist absolut kein Platz mehr!), daß sie mich auf diese Weise unweigerlich näher an die Wand drängt. *„Caramba, Maria, mana waqpitaq tiyarikuwaqchu"*, sage ich ihr leise, aber verzweifelt – „Kannst Du nicht woanders sitzen, verdammt." Nein, sie tat es nicht. Und drängt mich an die Wand, wo die Tarantel saß.

Nun, ich habe es überlebt. Und ich habe, wie es sich als Kulturanthropologin im Dienst gehört, die Szene in meinem Kopf archiviert.

(b) Ich bin wieder bei der Arbeit im Dorf Amarete, mitten in einem der drei Tage und drei Nächte dauernden großen Kollektivrituale.

Francisco Limachi, der Generalsekretär (so heißt heute die höchste Autorität im Dorf) tritt an mich heran und sagt: „*Ñañay* (meine Schwester, heißt das, das ist einfach eine liebevolle Anrede), hast Du gesehen, wie ich getanzt habe? War das nicht schön?", fragt er strahlend.

Wenn man als Mann eine Schwester hat, so heißt das Wort „Schwester" in Quechua *pana*. Wenn man als Frau eine Schwester hat, so ist das Wort *ñaña*. Und Francisco, eindeutig ein Mann, hat nicht das Wort *pana* – das Wort für die Schwester des Mannes – in seiner Frage an mich verwandt – sondern *ñaña*, das Wort für die Schwester einer FRAU, so als wäre ER eine FRAU. Ich verstand das nicht. Auch das habe ich notiert.

(c) Wieder bin ich bei der Arbeit in Amarete, in der Hütte, bei einer Dorfversammlung von zwanzig Männern. Juan kommt herein. Er ist ein noch junger Mann, er hat zum ersten Mal ein Amt in der Dorfvertretung. Er steuert gleich auf die LINKE Seite von Bänken neben der Tür zu und will sich da hinsetzen. Doch einer von der gegenüberliegenden, der RECHTEN, Seite ruft ihm zu: „*Juan, ama yankalla naykita jina wijch'uychu...*" Schallendes Gelächter in der Hütte. Zu Deutsch: „Juan, ich würde doch meinen Schwanz nicht freiwillig wegwerfen – setz' dich hierher," und sie zeigen nach rechts.

Ich habe zwar die Worte verstanden, aber ich hatte keine Ahnung, warum Juan seine Männlichkeit wegwirft, wenn er sich LINKS hinsetzt, wo Platz war, anstatt RECHTS, wo die Männer schon sehr gedrängt saßen. Es hat noch zwei, drei Jahre an unermüdlicher Ritualbeobachtung und Textaufzeichnung gebraucht, bis ich die Tarantel-Szene, die Sache mit dem Wort „Schwester" und diese kleine Obszönität verstand.

Ich will im folgenden darlegen, was ich nach und nach „entdeckte" und begriff.

2. GRUNDDATEN:

Ubiquitäre Geschlechtlichkeit

Im Hauptteil meines Beitrages lege ich zuerst in drei Abschnitten die „Grundmuster der Geschlechtlichkeit in Amarete" dar: (1) Das Geschlecht von Umwelt und Physik, (2) Das Geschlecht von Ackerland und von Mann und Frau, (3) Das Geschlecht der Ämter und die Möglichkeit des Geschlechtswandels.

Dann behandle ich die „Alltagspraktischen Konsequenzen der Zehnfachgeschlechtlichkeit in Amarete": Nach einem Überblick (1) gehe ich etwas genauer ein auf (2) die Sitzordnung, (3) die Handlungs- und Gehordnung, (4) die Paarungs- und Opferordnung sowie (5) die Regeln der „Eckenordnungen", der Arbeitsteilung und Gastlichkeit. Auch werde ich (6) Fragen der Identität, Solidarität und Sanktion besprechen.

2.1 Grundmuster der Geschlechtlichkeit in Amarete

(1) Das Geschlecht von Umwelt und Physik

Die Geschlechtlichkeit von Umwelt und Physik ist in den ganzen Anden verbreitet, es ist dies der allgemeine Kontext für die Besonderheit der Zehnfachgeschlechtlichkeit der Menschen in Amarete. Deshalb will ich dies hier – wenn auch nur kurz – erwähnen.

Die abstrakten Dimensionen von Zeit und Raum sind in den Anden vielfach geschlechtlich gegliedert. Der Vormittag, die Zeit der aufsteigenden Sonne, ist männlich. Nachmittag und Abend sind weiblich. Die Nacht ist geschlechtslos. Da Weiß mit männlich und Schwarz mit weiblich assoziiert ist, und es schwarze Tage gibt (Dienstag und Freitag) und weiße (der Rest), ist auch die Woche geschlechtlich gegliedert.

In der Dimension des Raumes ist – meist jedenfalls – oben männlich, unten ist weiblich. Rechts ist männlich, links ist weiblich. – Auch Richtungen, Material, Beschaffenheit sind in den Anden geschlechtlich. Und all dies muß man, wenn man in Amarete lebt, ganz genau wissen, weil bei den Opfergaben an die Götter der Anden, bei jedem rituellen Akt, bei jedem Heilungsritual im Kontext der Familie, bei jedem der großen Kollektivrituale, ja sogar im Alltagsgeschehen und bei der Arbeit – die Geschlechtlichkeit von Zeit, Raum, Form und Farbe usw. auf das Sorgfältigste berücksichtigt werden muß.

In den Anden ist die gesamte Umwelt nicht nur geschlechtlich. Sie ist auch sakral. Die wichtigste Gottheit der Anden ist die Mutter Erde. Wo immer man geht, steht, liegt – der Mensch ist mit dieser höchsten Gottheit in physischem Kontakt. Mutter Erde ist überall. Es ist ein Grundteppich der Heiligkeit, der die gesamte Natur umspannt. Mutter Erde ist weiblich.

Innerhalb dieser sakralen Weiblichkeit aber gibt es weitere weibliche und männliche Räume. In der Natur wird in den Anden im allgemeinen „unten" (Tal, Ebene) mit weiblich assoziiert, „oben" (aufrecht, hochragend) mit männlich. Die heiligen Berge, Wohnstätten der Berggottheiten, sind also männlich. Andererseits haben diese Berggottheiten recht verschiedene Zuständigkeiten oder Machtbereiche. Da gibt es z. B. diesen mächtigen, scharfkantigen, markanten Berg Esqani. Er ist der Herr des Blitzes. Der Blitz ist männlich. Der Berg Esqani ist als Berg (aufragend) männlich, und er ist auch männlich wegen seiner Macht über den männlichen Blitz.

Der Tuwana dagegen ist zuständig für *tawicho*. *Tawicho* ist in der Quechua-Sprache das Ritualwort für „Nahrung". Nahrung aber ist weiblich. Also ist der Tuwana, der als Berg männlich ist, ein Weib.

Nicht nur Berge, auch Quellen sind heilig, d. h. Wohnort von Gottheiten. Quellen heißen auch *t'allakuna*, Prinzessinnen. Als Prinzessinnen sind sie weiblich. Nun gibt es aber eine Quelle, die *Pako Khaqya* heißt, Blitzesquelle. Der Blitz ist männlich. In diesem Fall ist die weibliche Quelle also ein Mann. Doppelgeschlechtlichkeit andiner heiliger Orte ist ganz normal.

Auch Seen sind Wohnorte von Göttern und damit sakral. Sie sind in der Regel weiblich, aber als weibliche Gottheit haben sie eine sakrale männliche und eine sakrale weibliche Seite: rechts und links. Die linke Seite ist schwarz, die rechte weiß. Und auf diesen beiden Seiten des Sees verhalten sich die Menschen ganz unterschiedlich.

Auf dem Boden (der Mutter Erde) als einem Teppich umfassender Sakralität (Erde ist überall) gibt es also Orte weiterer sakraler Verdichtung: Berge, Quellen, Seen, die stets auch geschlechtlich sind. Diese Gliederung nach sakraler Verdichtung, Geschlechtlichkeit und „Schatten" (nach weiß und schwarz) ist keinesfalls statisch. Die Natur schafft ständig neue Gottheiten. Denn wo immer ein Blitz einschlägt, da nimmt eine Gottheit des Blitzes ihre Wohnstatt, dort entsteht also ein neuer männlicher heiliger Ort.

Auch durch die Hand der Menschen entstehen ständig neue sakrale geschlechtliche Orte. In der Kallawaya-Region hat jede Hütte ihre eigene Opferstätte. Sie heißt *tapa condor mamani* – Nest des Kondors. An der Opferstätte der Hütte haust jene Gottheit, welche für das Wohl der Hütte zuständig ist. In den meisten Kallawaya-Dörfern kennt man für die Hütte nur EINE Opferstätte. Diese Opferstätte ist weiblich – denn das Wohl der Hütte besteht vor allem in *tawicho*, Nahrung, und Nahrung ist weiblich. In Amarete hat jede Hütte fünf Opferstätten, solche, die weiblich sind, solche die männlich sind und eine, welche der Dunkel-Welt der Ahnen angehört. Die Opferstätte der Hütte wird eingerichtet durch menschliche Hand. Ist sie eingerichtet, nimmt eine Gottheit dort ihren Wohnsitz. So entstehen also auch neue heilige Orte durch menschliche Hand.

Für Umwelt und Landschaft gilt, daß Doppelgeschlechtlichkeit nicht selten ist: ein männlicher Berg, der von der Zuständigkeit her weiblich ist; eine weibliche Quelle oder Prinzessin, welche, vom Blitz geschlagen, AUCH männlich ist... Unter den Menschen aber ist die Doppelgeschlechtlichkeit die Regel. Um das verständlich zu machen, muß man das Geschlecht von Ackerland betrachten.

(2) Das Geschlecht von Ackerland und von Mann und Frau

Welches Geschlecht haben die Felder? An erster Stelle sind sie Teil der *Pachamama*, der Mutter Erde, sie ist weiblich. Darüber hinaus aber haben die Felder noch ein zweites und drittes Geschlecht.

Alle Äcker werden unterschieden nach zwei polaren Aspekten, einem Raum- und einem „Zeit"-Aspekt. Jeder Acker hat ein Raummerkmal: oben oder unten, jeder hat ein „Zeitmerkmal": jünger oder älter. Die Oben-Äcker liegen nun aber keinesfalls oben am Berg, die Unten-Äcker liegen keinesfalls eher unten. Oben- und Unten-Äcker sind vielmehr völlig unregelmäßig über Berg und Tal verstreut, *mistura jina,*

wie Konfetti (I-360)* Die Oben- und Unten-Äcker sind symbolisch –
nicht physisch – „oben" und „unten".

Außerdem ist ein Acker entweder „älter" oder „jünger", d. h. „zuerst"
oder „nachfolgend", vorgeordnet oder nachgeordnet. Aber auch das hat
nichts mit physischer Zeit zu tun, zum Beispiel dem Alter des Ackers,
der Rodungszeit. Auch der „Zeitaspekt" der Äcker hat einen übertrage-
nen Sinn.

Ich habe vorangehend schon erwähnt, daß andine Zeit und andiner
Raum nicht einfach geschlechtslos sind. Also hat dieses Oben/Unten
und Älter/Jünger AUCH ein Geschlecht. Im Fall der Äcker (nur dort) ist
nun oben – weiblich, unten ist männlich. Und im Bereich der „Zeit" ist
älter männlich und jünger weiblich.

Auf diese Weise gibt es unter den Feldern von Amarete zunächst vier
verschiedene Doppelgeschlechter:

ura kuraq (unten/älter)
unten = männlich, älter = männlich,
also mann-männliches Ackerland

ura sullk'a (unten/jünger)
unten = männlich, jünger = weiblich,
also mann-weibliches Ackerland

hanaq kuraq (oben/älter)
oben = weiblich, älter = männlich,
also wcib-männliches Ackerland

hanaq sullk'a (oben/jünger)
oben = weiblich, jünger = weiblich,
also weib-weibliches Ackerland.

Und zu allem Überfluß gibt es auf der Weite der Mutter Erde noch eine
Sorte Ackerland, *qallasu* genannt – eine Minderheit freilich –, die
schlicht „männlich" ist. Zusammen mit diesen einfach männlichen
Äckern gibt es also fünf Sorten von Ackergeschlecht.

*I-360 = Informationsgespräch Nr. 360

Der springende Punkt ist nun, daß das Geschlecht des Ackers das Geschlecht seines Besitzers bestimmt. Angenommen, ich besitze soge-nanntes Unten-älteres-Land (unten = männlich, älter = männlich), dann ist nicht nur mein Acker *mann-männlich,* auch ich bin als Frau ein *Doppelmann.*

Da es unter den Menschen biologisch zwei Geschlechter (und auch zwei entsprechende Geschlechtsrollen) gibt – auch in Amarete natür-lich -, jedoch fünf Sorten von menschlichem Acker-Geschlecht – *wachu*[10] oder *sayaña*[11] genannt –, ergeben sich aus der Kombination von Biologie und *wachu* in Amarete insgesamt zehn Geschlechter:

Erstes symbolisches Geschlecht		Zweites symbolisches Geschlecht		Biologisches Geschlecht ♂ ♀	
				Ergebnis:	
Qallasu	♂	-	-	männlicher Mann	männliche Frau
ura unten	♂	*kuraq* älter	♂	mann-männ-licher Mann	mann-männ-liche Frau
		sullk'a jünger	♀	mann-weib-licher Mann	mann-weib-liche Frau
hanaq oben	♀	*kuraq* älter	♂	weib-männ-licher Mann	weib-männ-liche Frau
		sullk'a jünger	♀	weib-weib-licher Mann	weib-weib-liche Frau

Übersicht 1: Die zehn Geschlechter von Amarete

(3) Das Geschlecht der Ämter und die Möglichkeit des Geschlechtsrollenwechsels

In Amarete muß jeder eine lange Hierarchie von Ämtern durchschreiten. Jedes Jahr werden in Amarete allein für die Dorfvertretung etwa zwanzig Posten vergeben. Dazu gehört der Generalsekretär, der Justizsekretär, der Finanzsekretär oder Schatzmeister, der Sozialsekretär usw. Von diesen Ämtern haben die obersten vier Ämter ebenfalls ein Geschlecht. Da es mit der Vielgeschlechtlichkeit des Menschen aber auch in Amarete seine Grenzen hat und man nicht ein *wachu-* UND ein Amtsgeschlecht haben darf, legt man bei Übernahme eines geschlechtlichen Amtes sein *wachu*-Geschlecht für die Dauer der Amtsausübung ab.

Das oberste Amt im Syndikat von Amarete ist das des Generalsekretärs. Dieses Amt ist weiblich. Der Generalsekretär ist also „Frau". Und das muß er in Sitzordnung, Verhalten, Anredeform, Prioritäten, Tanzordnung usw. auch sorgfältigst beachten.

Wie der Generalsekretär, so haben auch die weiteren drei obersten Ämter – Sozial- und Justizsekretär (männlich) sowie Finanzsekretär (weiblich) – ein Geschlecht. Der Inhaber des Amtes übernimmt dieses Geschlecht. Seine Gattin auch, so wie die Gattin mit der Heirat auch das *wachu*-Geschlecht ihres Mannes übernahm. Ist sie z. B. vom *wachu*-Geschlecht her eine mann-männliche Frau (Kinder bekommen das *wachu*-Geschlecht des Vaters) – so wird sie an der Seite ihres Gatten, wenn er das Amt des Schatzmeisters übernimmt, nunmehr eine weibliche Frau sein.

Nach diesen vier obersten Ämtern folgen eine Reihe weiterer Positionen im Syndikat, Sekretär für Sport, für Schule, für Gesundheit usw., welche KEIN Geschlecht haben. Ihre Amtsinhaber werden ausgewählt und handeln nach ihrem Ackergeschlecht. Nur ganz unten in der Hierarchie des Syndikats hat das Amt wieder ein Geschlecht. Der Vokal des Generalsekretärs legt sein Ackergeschlecht ab und nimmt das Geschlecht des Amtes seines Chefs an: Er wird weiblich. Der Vokal des Sozialsekretärs wird entsprechend männlich (vgl. Übersicht 2).

Einige bisherige Ergebnisse – das Geschlecht der Umwelt, die zehn Geschlechter der Menschen und das Geschlecht des Amtes – sind in der Übersicht 3 zusammengefaßt. In dieser Skizze wird, wenn man den oberen und unteren Teil der Skizze vergleicht, der erwähnte „Wider-

	Geschlecht nach Amt	Geschlecht nach Acker
Generalsekretär	♀	ruht
Sozialsekretär	♂	ruht
Finanzsekretär	♀	ruht
Justizsekretär	♂	ruht
Mittlere Positionen	nicht vorhanden	♂ ♂ ♂ ♂ ♀ ♀ ♂ ♀ ♀ möglichst gleich viele
Vokal des Generalsekretärs	♀	ruht
Vokal des Sozialsekretärs	♂	ruht

Übersicht 2: Die wachu- und Amtsgeschlechtlichkeit des amaretensischen Syndikates

spruch" deutlich: Einmal ist „oben" männlich, einmal weiblich. In der Diskussion (Abschnitt 3) komme ich auf diesen Widerspruch zurück.

2.2 Alltagspraktische Konsequenzen der Zehnfachgeschlechtlichkeit in Amarete

(1) Übersicht

Jeder Amareteñer, weiblich oder männlich, hat vom ersten Augenblick des Lebens an ein symbolisches Geschlecht: das der Eltern. Bei der Heirat legt in der Regel die Frau ihr *wachu*-Geschlecht ab und übernimmt das des Mannes, es sei denn, daß die Frau sehr viel mehr Ackerland in die Ehe einbringt als der Mann. In diesem Fall kann der Mann das Ackergeschlecht der Frau übernehmen. Das gleiche gilt analog, wenn jemand andersgeschlechtliches Ackerland erbt.

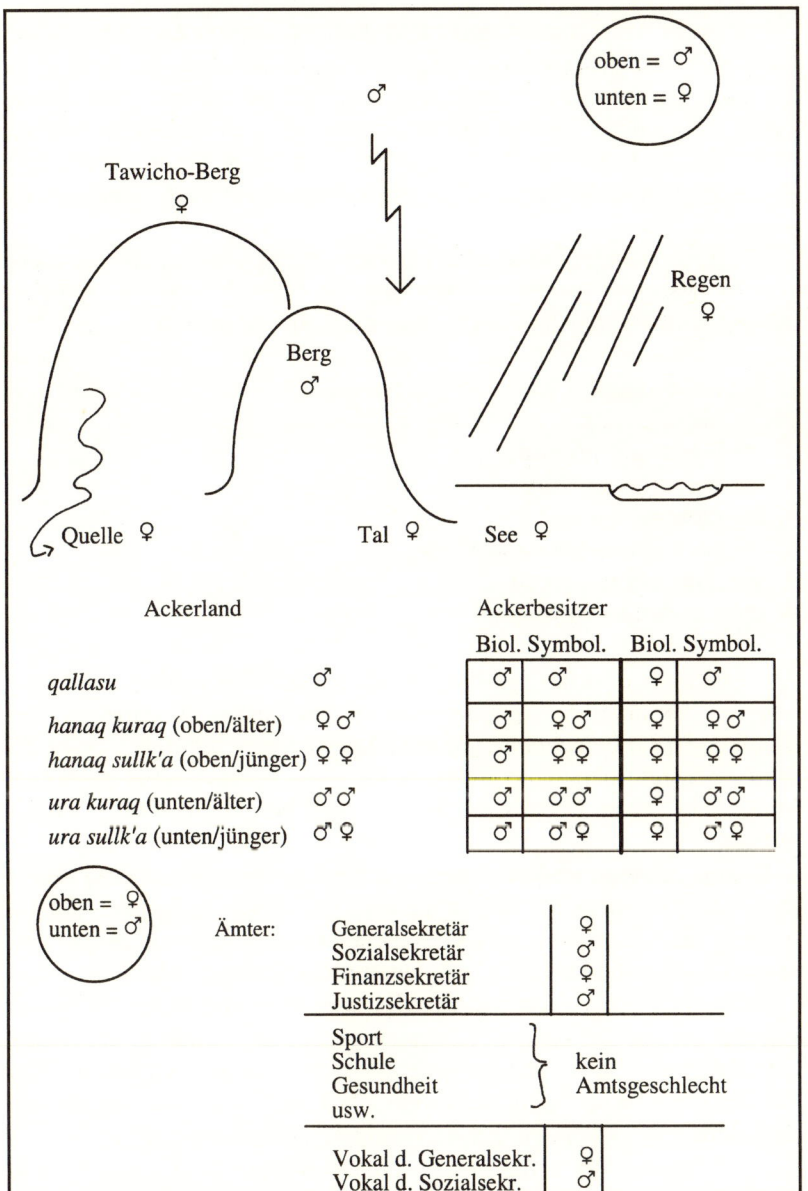

Übersicht 3: Das Geschlecht von Umwelt, Acker und Amt

Für einen Amareteñer konstituiert das symbolische Geschlecht eine ganz wichtige Gruppenzugehörigkeit. Kinder werden von Anfang an als Junge und Mädchen sozialisiert, aber auch als *qallasu*, oder *hanaq kuraq*, oder *hanaq sullk'a* oder *ura kuraq* oder *ura sullk'a*. Sobald sie wahrnehmen, reden, begreifen können, erfahren sie die Realität dieser Zugehörigkeit und Einteilung in vielen alltäglichen Situationen [vgl. u., vor allem (5)].

Das symbolische Geschlecht hat vielfältige praktische Konsequenzen. Es bestimmt nachhaltig, wie sich ein Mensch in Raum und Zeit bewegt. Die wichtigsten praktischen Konsequenzen sind

1. die Sitzordnung,
2. die Gehordnung,
3. die Handlungsordnung,
4. die Paarungsordnung,
5. die Opferordnung,
6. die sogenannte Eckenordnung,
7. die Arbeitsteilung und
8. die Gastlichkeitsordnung.

Am wichtigsten ist das symbolische Geschlecht dann, wenn ein Mann Mitglied des amaretensischen Syndikates wird, der Dorfvertretung. Das Syndikat ist im Leben eines jeden Mannes außerordentlich wichtig. Es wird jedes Jahr neu zusammengestellt. Jeder Mann muß in der Regel im Verlauf seines Lebens mindestens zwei bis drei Mal im Syndikat dienen.

Er muß, wenn er zu den beiden Geschlechtsgruppen der *kuraq* gehört und sofern er nicht im Militär gedient hat, unten anfangend, Vokal werden. Er legt sein *wachu*-Geschlecht ab und übernimmt das Geschlecht seines Chefs (*sullk'a*s können nicht Vokal werden).

Dann muß jeder Amareteñer zwei oder drei Mal in den mittleren Rängen dienen. Im mittleren Bereich haben, wie erwähnt, die Ämter kein Geschlecht, das Syndikat wird nach *wachu* zusammengestellt. Wer auf dieser Ebene ins Syndikat kommt, wird ein ganzes Jahr lang ständig nach seiner *wachu* sitzen, gehen, handeln, opfern usw.

Jeder Amareteñer sollte – so ist die Erwartung – auch eines der drei obersten geschlechtlichen Ämter unterhalb des Generalsekretariats übernehmen und entweder männlicher Sozial- oder Justizsekretär oder weiblicher Finanzsekretär werden.

Das höchste Ansehen erhält ein Mann in Amarete aber erst, wenn er dann auch Generalsekretär (weibliches Amt) geworden ist. *Pasasqaña* sein, alle Ämter durchlaufen zu haben, ist für den Mann in Amarete eines der obersten Kriterien von Ansehen.

Das Syndikat trifft sich mindestens einmal die Woche, organisiert unzählige Dorfgemeinschaftsarbeiten und Dorfversammlungen, es hat bei den zahllosen Festen im Verlauf des Jahres vielfältige Verpflichtungen und es richtet die vielen, mehrere Tage und Nächte dauernden zyklischen Kollektivrituale aus. Bei all diesen Gelegenheiten gelten die vielfältigen Geschlechtsordnungen.

(2) Sitzordnung

„*Sagrado,* heilig ist uns die Sitzordnung", sagt Pascual Tapia, der langjährige Hauptritualist von Amarete (er starb 1995). Mit *sagrado* ist unverrückbar, wesentlich, unabdingbar gemeint. Rechts ist männlicher Raum, links weiblicher. Im männlichen Raum sitzen die Inhaber der männlichen Ämter und die nach *wachu*-Geschlecht männlichen Männer, im linken Raum die weiblichen Amtsinhaber und weiblichen *wachu*-Männer (vgl. Übersicht 4). Das ist auch der Grund, warum der nach *wachu* männliche Juan sich nicht einfach auf die weibliche Seite setzen konnte, ohne einen gewissen Spott zu ernten (vgl. Abschnitt 1.6).

Die Frauen in Amarete sitzen immer getrennt von den Männern. Sie sitzen nicht auf Bänken, sondern immer auf dem Boden, nicht in Reihen, sondern stets im Kreis. Sie müssen aber exakt die gleiche Sitzordnung einhalten wie die Männer. Maria, die mich so an die Wand und an die Tarantel drückte (vgl. 1.6), war Frau des Justizsekretärs, ein männliches Amt, sie war also selbst männlich und mußte auf der rechten Seite neben der Hauptritualistin und der Frau des Sozialsekretärs sitzen. Und das war genau da, wo sie sich hinsetzte. Jeder andere Platz hätte ihr Sanktionen eingebracht.

Die Sitzordnung hat, wie die Übersicht 4 deutlich macht, nicht nur eine rechte und linke, eine männliche und weibliche Seite, sie hat auch eine gewisse Hierarchie.

Unter den weiblichen Ämtern ist der Generalsekretär das vorgeordnete Amt (*kuraq*-Amt). Er sitzt deshalb als erster auf der linken Seite

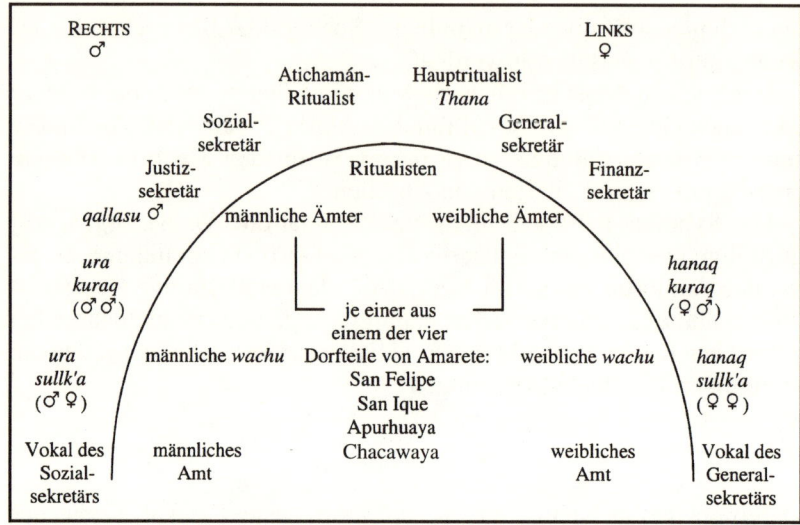

Übersicht 4: Sitzordnung des Sydnikatsmänner in Amarete

der Mitte bzw. des Hauptritualisten. Nachgeordnet *(sullk'a)* ist der weibliche Finanzsekretär. Unter den männlichen Ämtern ist der Vorgeordnete und Erstplazierte *(kuraq)* der Sozialsekretär, der nachgeordnete, der *sullk'a,* der Justizsekretär. Unter den vier obersten Ämtern – *kuraq* genannt – gibt es also ihrerseits wieder *kuraq* und *sullk'a* – ältere (vorgeordnete) und jüngere (nachgeordnete) (genau wie es auch *kuraq* und *sullk'a* bei der *wachu* gibt). Das ist keinesfalls irrelevant, es spielt bei der Paarung eine wichtige Rolle (vgl.u.).

Auch unter den *wachu*-Männern herrscht auf der männlichen und weiblichen Seite eine Hierarchie. Auf der männlichen sind die *qallasu* die Erstplazierten, gefolgt von *ura kuraq* (unten/älter, mann-männlich) und *ura sullk'a* (unten/jünger, mann-weiblich). *Kuraq* kommt, wie man erkennt, immer vor *sullk'a* – das ist auch eine heilige Regel in Amarete –, deshalb sitzen im weiblichen, dem linken Raum die *hanaq kuraq* (oben/älter), die weib-männlichen Männer vor den *hanaq sullk'a* (oben/jünger), den weib-weiblichen Männern.

An der Sitzordnung ist nun allerdings ein Befund irritierend. Gerade der Mann, der sie als *sagrado,* heilig, bezeichnet, Pascual Tapia, weicht drastisch von dieser mehrheitlich vertretenen und faktisch praktizierten Sitzordnung ab: Für ihn sitzen alle *kuraq*-Männer auf der männlichen, alle *sullk'a*-Männer auf der weiblichen Seite – das gibt eine ganz andere Ordnung. Und Pascual Tapia ist nicht irgendjemand. Er ist 20 Jahre lang der Hauptritualist *(watapurichiq)* von Amarete gewesen und steht in der Nachfolge vieler vorangehenden großen amaretensischen *watapurichiq*-Ritualisten. Kann man seine Ansicht einfach abtun? Oder vertritt er vielleicht das ältere Wissen? Ich komme darauf zurück.

(3) Handlungs- und Gehordnung

Aus der Sitzordnung ergibt sich noch nicht die Handlungsordnung, wie sie z. B. gilt beim Anbieten von Cocablättern, Überreichen von Opfergaben, Vollzug von Opferhandlungen, Leistung von Unterschrift oder (ersatzweise) Daumenabdruck usw.

Wenn man die soziale Realität von Amarete kennt, bei welcher der Mann der Frau bei weitem vorgeordnet ist, überrascht es, wenn im Syndikat bei dem symbolischen Amtsgeschlecht nun die weibliche Seite doch eine klare Priorität hat. Nicht nur ist das oberste Amt, der Generalsekretär, weiblich, sondern er handelt auch als erster, gefolgt von seinem *kuraq*-Kollegen unter den männlichen Ämtern (Sozialsekretär), seinem weiblichen *sullk'a* (Finanzsekretär) und dem männlichen *sullk'a* (Justizsekretär).

Auch unter den *wachu*-Männern haben – mit zwei Ausnahmen – die weiblichen Männer der Vorrang (vgl. Übersicht 5):

Wie sich bei dieser recht einheitlich angegebenen Handlungsordnung zeigt, wird in der Position 8 und 9 das Primat des Weiblichen verlassen. Niemand kann einem erklären, warum das so ist, aber alle sind ganz sicher, DASS es so ist.

Dies fällt umso mehr als „Unregelmäßigkeit" auf, als dann bei der Gehordnung – die sich von der Handlungsordnung im Bereich der geschlechtlichen Ämter erheblich unterscheidet – diese „Umstellung" wieder rückgängig gemacht ist und unter den *wachu*-Männern (aber nur dort) – mit Ausnahme des männlichen *qallasu* – die nach dem ersten Index weiblichen Männer voranspazieren (vgl. Übersicht 6). Innerhalb der geschlechtlichen Ämter aber schreiten die Amtsinhaber voran, die kraft ihres Amtes eine *vara,* ein Zepter, haben, das Wahrzeichen von Autorität. Daß heute keiner mehr ein Zepter trägt, spielt keine Rolle –

---

1. Generalsekretär: oberstes weibliches Amt ♂ ♀
2. Sozialsekretär: oberstes männliches Amt ♂ ♂
3. Finanzsekretär: zweites weibliches Amt ♀ ♀
4. Justizsekretär: zweites männliches Amt ♀ ♂
5. *qallasu* ♂
6. *hanaq kuraq* (oben/älter) ♀ ♂
7. *ura kuraq* (unten/älter) ♂ ♂
8. *ura sullk'a* (unten/jünger) ♂ ♀
9. *hanaq sullk'a* (oben/jünger) ♀ ♀
10. Vokal des Generalsekretärs (♀ Amt)
11. Vokal des Sozialsekretärs (♂Amt)

Übersicht 5: Handlungsordnung nach Geschlecht

es handelt sich trotzdem bei Justiz- und Sozialsekretär (und zwar nun in dieser Abfolge) um Zepter-Ämter.

Daß entgegen der sozialen Realität in Amarete, die von der Dominanz des Männlichen geprägt ist (vgl. u.), das Weibliche bei Amt und *wachu* doch einen gewissen Vorrang hat, mag zunächst überraschen. Ich werde den Befund in der Diskussion aufgreifen.

---

1. Justizsekretär: ♂
2. Sozialsekretär: ♂
3. Generalsekretär: ♀
4. Finanzsekretär: ♀
5. *qallasu:* ♂
6. *hanaq kuraq:* ♀
7. *ura kuraq:* ♂ ♂
8. *hanaq sullk'a:* ♀ ♀
9. *ura sullk'a:* ♂ ♀
10. Vokal des Generalsekretärs: ♀
11. Vokal des Sozialsekretärs: ♂

Übersicht 6: Gehordnung nach Geschlecht

(4) Paarungs- und Opferordnung

In Amarete tanzt man in verschiedengeschlechtlichen Paaren. Die Frau tanzt freier, in offenerer Bewegung, mit mehr Ausgelassenheit, sie hat im Tanz mehr Freiheit als der Mann, der nur sehr gemessenen Schrittes tanzt. So hatte der Generalsekretär Francisco Limachi – er ist vom Amt her Frau – getanzt wie eine Frau und dies auch sehr genossen (vgl. Abschnitt 1.6). Aber es tanzen nicht Mann und Frau miteinander, sondern männliche mit weiblichen Männern und männliche mit weiblichen Frauen.

Bei der Paarbildung im Tanz gibt es verschiedene Ordnungen, bei denen stets diese symbolische Verschiedengeschlechtlichkeit beachtet wird. Sie seien hier nicht alle Kombinationen aufgezählt – es seien nur diejenigen benannt, die eine optimale Paarung ergeben – eine Paarung nach beiden Geschlechtsindices – sei es von Amt oder *wachu*: Der Generalsekretär ist der *kuraq* (was männlich ist) unter den beiden weiblichen Ämtern. Es ergibt sich eine „doppelte Kreuzung", wenn er nun mit dem *sullk'a* der männlichen Ämter, dem Justizsekretär, tanzt und entsprechend der Sozialsekretär mit dem Finanzsekretär. Auch unter den *wachu*-Männern lassen sich solche optimalen Doppelkreuzungen bilden – und das gilt auch für die Wahl bestimmter weiterer Ämter aus dem Kreis des Syndikates oder die Wahl der „Grünen Kinder" (RÖSING i. A.) oder die Kombination von Opfergaben. Stets gilt als optimale Lösung die Paarung von Männern, die sich nach beiden Geschlechts-Indices unterscheiden.

Das Denken in Paarung – die Amareteñer nennen es „Verheiratung" oder „Kreuzung" – findet seinen höchsten Ausdruck im großen zyklischen Kollektivritual. Sorten von Mais und Wasser, Föten und Meerschweinchen, heilige Berge und Quellen – alles wird gepaart. Hier sei nur ein Beispiel dargelegt. Die Kollektivrituale bieten eine Fülle weiterer Verheiratungen (vgl. RÖSING, i. A.).

Im sakralen Bereich ist das Regelsystem der Verheiratung so kompliziert, daß es nur ganz wenige Menschen vollständig kennen. Ich möchte ein Beispiel vorstellen, das herauszufinden mich viel Arbeit gekostet hat: viele eiskalte Nächte der Beobachtung, schwierige Aufstiege auf heilige Gipfel, lange Sitzungen mit Medizinmännern und Ritualisten, während derer sich die in einer Kallawaya-Hütte gänzlich unvermeidlichen Myriaden von Flöhen an uns gütlich taten... Sonderregeln, Nebenregeln und traditionsverlust-bedingtes Regelchaos lasse ich in dieser kurzen Darstellung einmal weg.

In den großen Opferritualen, die sich über mehrere Tage und Nächte hinziehen, verquickt sich die vielfältige symbolische menschliche Geschlechtlichkeit nach Ackerland und Amt auf höchst komplexe Weise mit der Gliederung nach Sakralität im Raum.

Sakrale Räume in der Natur sind, wie ich ausführte, Wohnstätten von Gottheiten. Wünschen die Menschen das Wohl dieser Gottheiten, z.B. für Gesundheit, Fruchtbarkeit, reichen Ernteertrag, wollen sie also etwas EMPFANGEN, dann müssen sie den Göttern auch etwas GEBEN: Opfergaben und Gebet.

Die kostbarste Opfergabe, die ein Mensch der Gottheit darbieten könnte, wäre er selbst. Doch kann er sich vertreten lassen von einem Tier, das für ihn steht: Lama und Alpaka stehen für die Menschen. Lama und Alpaka sind heilig, sie sind Opfertiere des andinen Rituals. Nun gibt es aber so viele Opferstätten zu versorgen und so viele Gottheiten zu beopfern, daß man nicht immer das Herz eines Lamas oder Alpakas opfern kann. Dieses wird vertreten von den Lamaföten (spontane Abgänge). Den etwas nachgeordneten Gottheiten reichen auch die Herzen von Meerschweinchen (außer unzähligen pflanzlichen und sonstigen Opfergaben, auf die ich hier nicht eingehe).

Für ein mehrtägiges Opfergabenritual, das von dem Syndikat, der Dorfvertretung, zusammen mit den Ritualisten zelebriert wird, braucht man natürlich viele Opfergaben. Jeder aus dem Syndikat muß also etwas beitragen. Wer was beiträgt, ist jedoch keinesfalls beliebig.

Eine erste Regel ist, daß das symbolische Geschlecht des Opfergabenspenders und das biologische Geschlecht des Opfergabentieres übereinstimmen müssen: Wer nach Amt oder Ackergeschlecht Weib ist, kann nur weibliche Opfertiere mitbringen, einen weiblichen Lamafötus oder weibliche Meerschweinchen *(qowi)*.

Zweitens ist es keinesfalls beliebig, welcher heilige Ort welche dieser Opfergaben bekommt. Nehmen wir zwei mit Lamaföten und Meerschweinchenherzen zu beopfernde heilige Orte: Im Dorf Amarete ist die allerwichtigste aller Opferstätten das sogenannte Q'owa Esqani Cabildo. Diese Opferstätte ist weiblich. Sie ist die Frau des heiligen Berges Esqani, der als Inhaber des Blitzes (vgl. oben) männlich ist. Eine zweite bedeutsame und in den großen Kollektivritualen Amaretes nie zu vernachlässigende Opferstätte ist der Gipfel des heiligen Berges Atichamán. Dieser heilige Berg ist männlich.

Für diese beiden wichtigsten heiligen Orte haben die obersten vier Amtsträger des Syndikates die Opfergaben zu stellen (eine dritte Regel). Die geschlechtlichen Opfergaben der geschlechtlichen Ämter werden nun auf komplizierte Weise so auf diese beiden heiligen Räume, die weibliche Q'owa Esqani-Opferstätte und den männlichen heiligen Berg Atichamán verteilt, daß sich eine sechsfache „Verheiratung" ergibt (vgl. Übersicht 7). Sakralität, Geschlechtlichkeit und Heirat hängen auf das engste zusammen: Denn beide heiligen Stätten – wie übrigens alle anderen Orte auch – wünschen nur „verheiratete" Opfergaben, also immer männliche UND weibliche.

Also stiftet der weibliche Generalsekretär seinen weiblichen Lamafötus der Q'owa Esqani-Opferstätte und der männliche Justizsekretär seinen männlichen Lamafötus ebenfalls. Hier bilden die Opfernden ein Paar und die Opfergaben ebenfalls. Entsprechend sind der männliche Lamafötus des männlichen Sozialsekretärs und der weibliche Lamafötus des weiblichen Finanzsekretärs für die Opferstätte des Q'owa Esqani bestimmt. Damit haben wir schon VIER Paarbildungen oder Verheiratungen bei der Opferung.

Es folgt eine weitere Regel. Hat der Generalsekretär seinen weiblichen Lamafötus dem männlichen Berg Atichamán geopfert, so muß das von ihm gestiftete weibliche Meerschweinchen *(qowi)* der Opferstätte des weiblichen Q'owa Esqani zugeordnet werden – usw. Seine alle mit ihm selbst gleichgeschlechtlichen Opfergaben werden also an verschiedengeschlechtlichen Orten mit verschiedengeschlechtlichen Opfergaben andersgeschlechtlicher Amtsbrüder verheiratet.

Und um die Sache noch zu verkomplizieren, muß als zusätzliche Regel auch die geschlechtliche Bedeutung von *kuraq/sullk'a* in diesem Verheiratungskomplex berücksichtigt werden: Unter den vier obersten geschlechtlichen Ämtern des Syndikates gibt es – wie erwähnt – eine Hierarchie. Unter den weiblichen Ämtern steht der Generalsekretär vor dem Finanzsekretär, unter den männlichen Ämtern steht der Sozialsekretär vor dem Justizsekretär. Der jeweils Erstgenannte ist innerhalb des Amtsgeschlechtes der *kuraq*, der ältere, der männliche, der jeweils Zweitgenannte der *sullk'a*, der jüngere, weibliche. Und natürlich müssen wir nicht nur das Geschlecht des Amtes bei der „Verheiratung" berücksichtigen, sondern auch dieses Hierarchiegeschlecht. Deshalb

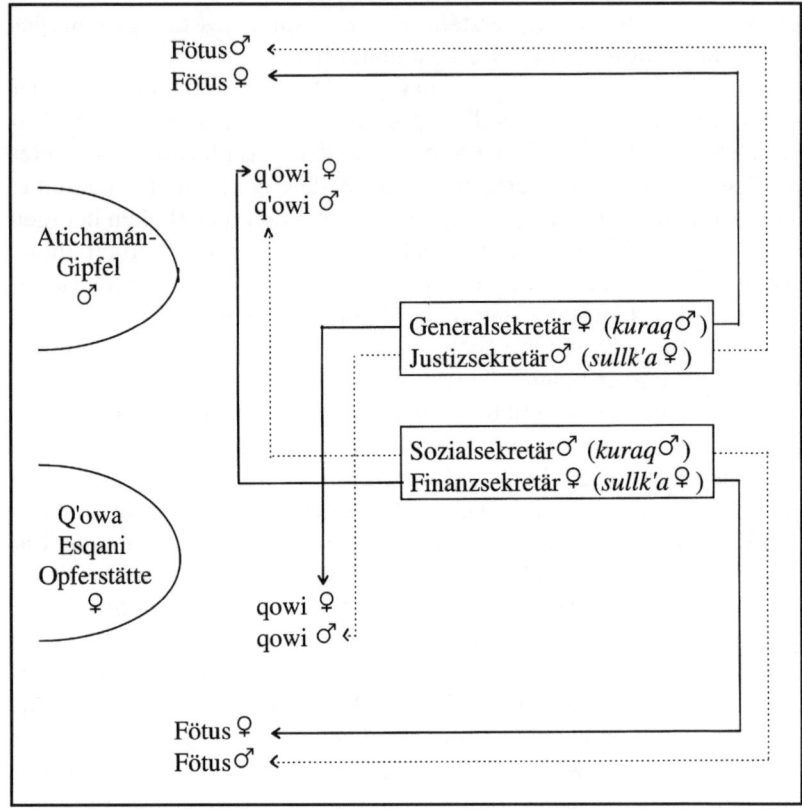

Übersicht 7: Sechsfache Verheiratung bei der geschlechtlichen Zuordnung von Amt, Opfertier und Opferstätte

kann der ERSTE Mann der weiblichen Ämter (Generalsekretär) in der Beopferung der sakralen Räume nur kombiniert werden mit dem ZWEITEN Mann der männlichen Ämter.

Und schließlich muß noch eine weitere Verheiratung berücksichtigt werden (auf der Übersicht 7 NICHT eingetragen): Haben Generalsekretär und Justizsekretär bei Ritual 1 die Lamaföten für das Q'owa Esqani Cabildo gestiftet, so müssen sie beim nachfolgenden Ritual den Atichamán-Berg versorgen – und entsprechend ändert sich auch die „Lieferzuständigkeit" der anderen geschlechtlichen Ämter, sowohl, was den zu beliefernden Ort (Atichamán/Q'owa Esqani Cabildo) als auch das zu liefernde Opfertier (Lamafötus/Meerschweinchen) betrifft.

Ich hoffe, an diesem einen Beispiel verdeutlicht zu haben, auf welche komplexe Weise sich in ritueller Verpflichtung und ritueller Handlung die Geschlechtlichkeit der Menschen (und dies gilt natürlich auch für das *wachu*-Geschlecht) mit der Geschlechtlichkeit sakraler Räume verquickt.

(5) Eckenordnung, Arbeitsteilung, Gastlichkeit

Die vier Ecken der Plaza, des Hauptplatzes des Dorfes, sind bei jeder Form dorfweiter Ansammlung primär für bestimmte Amareteñer vorgesehen: Erstens gehört je eine Ecke zu einem der vier Dorfviertel, und die Bewohner dieser Viertel haben sich daselbst zu versammeln. Zweitens ist den vier Ecken auch je eines der obersten vier geschlechtlichen Ämter im Syndikat zugeordnet. Drittens gibt es eine festliegende Zuordnung von *wachu*-Geschlecht und Ecke – und das bestimmt, an welcher Ecke die *wachu*-Leute bestimmte Arbeiten erledigen müssen oder Opfergaben bringen oder sich versammeln. Die Vielfalt der Regeln und Anwendungen will ich hier einmal auslassen.

Die Arbeitsteilung in Amarete ist – was die soziale Realität betrifft – recht eindeutig. Auf dem Acker zum Beispiel ist es der Mann, der die *taqlla,* den Handpflug bedient. Die Frau geht hinterher, in gebückter Haltung, wendet die Scholle mit der Hand (beim ersten Umgraben des Ackers nach der Brache) oder legt die Saat ein (beim zweiten Umgraben) und zerkleinert die Scholle. Genau diese Arbeitsteilung vollziehen in bestimmten Situationen auch der männliche Mann und der weibliche Mann.

Wichtiger noch ist die Gastlichkeitsordnung, die so nachhaltig vom symbolischen Geschlecht bestimmt ist und sicherstellt, daß jedes Kind ganz frühzeitig in seine Rolle als Mitglied einer bestimmten *wachu* hineinwächst. *Runay kanki,* („du bist von meinen Leuten"), das ist das Stichwort, unter dem eine merkwürdige und eindrucksvolle Neudurchmischung aller auf dem Dorfplatz versammelten Amareteñer stattfindet, wenn bei den vielen amaretensischen Festen die Gesten der Gastlichkeit – sich gegenseitig Cocablätter anbieten, Zigaretten und Schnaps – beginnen. Als Familiengruppe ist z. B. Pablo bei einem der vielen Feste auf die Plaza gezogen, es sind auch die Gevatter und die Paten dabei. Wenn es an die Gastlichkeit geht, dann läßt Pablo mit Frau und vier Kindern aber plötzlich seinen alten viel verehrten *padrino* (Gevatter) sowie seine schmucken Patensöhne stehen und steuert auf jemand anders zu, abseits stehend und fünfzig Jahre jünger als der ehrwürdige *padrino* und sagt „*runay kanki*" und bietet ihm Cocablätter an. Was geschieht hier?

Pablo ist Syndikatsmitglied. Alle nach *wachu* berufenen Syndikatsmitglieder müssen in solchen Situationen stets die Leute ihrer eigenen *wachu* zuerst bewirten (und die Bewirtung wird natürlich immer erwidert).

Runay kanki, wessen Leute Kind die Kinder sind – das können Kinder in Amarete mehr als zwei Dutzend Mal jedes Jahr in Amarete auf der Plaza oder woanders erleben. Auch wenn die Kinder Ostern in der Kirche singen, sitzen sie nach *wachu*; wenn sie als Palmenzweigboten gewählt werden, werden sie nach *wachu* ernannt, versorgen „ihren" *wachu*-Syndikatsmann mit Zweigen, sitzen nach *wachu* mit unter den Erwachsenen... Ein Kind lernt also ganz früh und konsequent seine *wachu*-Zugehörigkeit.

Die obersten vier Ämter des Syndikates, die jeweils ein Dorfviertel vertreten und ihr *wachu*-Geschlecht für die Dauer der Amtsausübung abgelegt haben, praktizieren das *runay kanki* nicht. Sie begrüßen ihre Amtsvorgänger der letzten zehn Jahre. Und bei Gastlichkeitspflichten haben sie ansonsten stets ihrem Dorfviertel die Priorität zu geben, nicht ihrer *wachu*.

Syndikatsmitglieder der *wachu*-Riege aber müssen auch außerhalb der *runay kanki*-Situationen der eigenen *wachu* den Vorrang geben – wie es umgekehrt auch ihre *wachu*-Leute tun. Bei einem Haus-Ritual wird auch kräftig gefeiert, es soll doch auch ein Syndikatsmitglied dabei sein. Wer wird eingeladen? Wenn man einen Gevatter oder Paten im Syndikat hat, ist er ohnehin schon dabei, denn er muß beim Hausbau helfen. Dann wird man einen der *kuraq* des Syndikates (die obersten vier Positionen) einladen – es geht nur der des eigenen Dorfviertels – und vielleicht ein oder zwei *wachu*-Leute, und das können nur die Syndikatsleute der eigenen *wachu* sein.

Aber nicht nur auf der Plaza und bei Festen spielt diese *wachu*-geregelte Gastlichkeit eine Rolle – auch bei den vielen in Amarete stattfindenden Gemeinschaftsarbeiten *(faenas)*. In *wachu*-Ordnung geht das

Syndikat zur *faena,* Arbeitsgruppen werden auch nach *wachu* gebildet, und wenn es Pausen zum Ausruhen gibt – dann gilt wieder die Gastlichkeitspriorität des *runay kanki.*

(6) *Identität, Solidarität, Sanktion*

Jeder, den man in Amarete fragt, wird versichern, daß die *wachu*-Zugehörigkeit einem Amareteñer eine ganz klare Gruppenidentität gibt – dies gilt für alle fünf Geschlechter – ganz gewiß auch den verschiedengeschlechtlich Doppelgeschlechtlichen! Es ist etwas ganz anderes, ob man *hanaq kuraq* (oben/älter, weib-männlich) ist oder *ura sullk'a* (unten/jünger, mann-weiblich).

Auch werden die meisten vertreten, daß es heute keinen großen Statusunterschied mehr gibt zwischen den verschiedenen *wachu* – was etwas mit der definitiven Loslösung der beiden Geschlechtsindices (oben/unten und älter/jünger) von ihrer Basis zu tun hat (vgl. u.). Die *sullk'a* unter den *wachu*-Leuten seufzen vielleicht einmal, man käme halt immer hinter dem *kuraq* dran – aber auch sie versichern, das Entscheidende seien doch die Besitzverhältnisse, und die *wachu* spiegele diese nicht (mehr) wieder. Deshalb ist die *wachu* auch kein Kriterium der Partnerwahl für die Heirat – obwohl Ackerbesitz neben Arbeitsamkeit eines der allerersten Kriterien darstellt.

Obwohl die *wachu* eine klare Gruppenidentität konstituiert, ist sie keine Solidargemeinschaft *(ayni).* Es gibt ganz ausgeprägte Strukturen gegenseitiger Hilfe in der gesamten Andenkultur, sei es beim Hausbau oder bei der Ausrichtung von Festen oder bei Ausübung eines Amtes oder bei der Ackerarbeit. Die wichtigste Solidargemeinschaft ist die Familie – Eltern, Kinder, Geschwister. Die zweitwichtigste Rolle spielt die rituelle Familie, das vielfältige Patenschaftssystem *(compadrazgo).* An dritter Stelle – aber das ist schon deutlich unverbindlicher – stehen in Amarete die Hofschaften, die Familien, welche um einen gemeinsamen Kollektivhof wohnen *(kancha masikuna).* Danach ist Schluß mit dem Modell der gegenseitigen Hilfe *(ayni). Ayni* ist dadurch gekennzeichnet, daß man sich ungefragt und selbstverständlich mit Hilfe einfindet und ungefragt und selbstverständlich diese Hilfe auch selbst erhält. Dann gibt es noch die *mink'a* – man bezahlt einen erbetenen Dienst mit Nahrung oder Gütern. Die *wachu* ist keine *ayni*-Solidargemeinschaft, sie ist viel zu groß.

Wenn jeder einer *wachu* angehört, wenn das *wachu*-Geschlecht das alltägliche Verhalten bestimmt und die Orientierung in Zeit und Raum bei Dutzenden von Festen und Ritualen, wenn *wachu*-Ordnungen *sagrado* sind – dann kann man erwarten, daß jemand, der sich nicht *wachu*-gemäß verhält, sanktioniert wird.

Nun kommt das nicht allzu oft vor. Es ist kein Nachteil impliziert, wenn man nach *wachu* handelt, das *wachu*-Geschlecht ordnet die Bewegung im sozialen Raum, gibt bestimmte Kombinationen vor – sie orientiert in Zeit und Raum. Die *wachu* wird nicht als Zwang oder lästige Verpflichtung oder Nachteil, sondern als Zugehörigkeit gesehen. Warum sollte man die Regeln und Etiketten nicht erfüllen?

Aber auch hier gibt es natürlich einmal Querläufer – und dann können die Sanktionen schon sehr ernst werden.

Zuerst wird nur gemahnt, das ist Aufgabe der vier obersten Ämter des Syndikates. Dann werden Strafen auferlegt, Abgaben müssen geleistet werden oder das renegante Syndikatsmitglied bekommt besonders unangenehme Aufgaben übertragen. Wenn das auch nichts hilft, schreitet man zu einer Strafe, die *kunka q'ewiy* heißt, wörtlich: die Kehle umdrehen. Das geschieht zwar nicht, aber das *kunka q'ewiy* ist trotzdem drastisch: Es ist ein Auspeitschen des Syndikatsmitglieds vor versammeltem Syndikat. Und alle erinnern sich, dies auch wirklich erlebt zu haben, das letzte Mal war es vor zwei Jahren. Das *kunka q'ewiy* wird also bis heute praktiziert – für „*wachu*-Sünder" und für andere Fehltritte innerhalb und außerhalb des Syndikates.

Die gleiche Strafhierarchie gilt – einschließlich öffentlicher Auspeitschung –, wenn eine Frau sich im Ritual nicht Amts- oder *wachu*-gemäß verhält. Bei der Frau ist nur die erste Stufe anders: Ihr Ehemann wird beauftragt, als erster zu mahnen und zu strafen und die Frau zur Ordnung zu rufen.

Neben dem *kunka q'ewiy* kennt man in Amarete noch eine weitere öffentliche und auch als beschämend erlebte Form der Sanktionierung von *wachu*- und anderer Unbotmäßigkeit: Das „Testament des Judas" an Ostersonntag. Dabei werden vor der gesamten Dorföffentlichkeit und unter deren anhaltendem Gelächter alle „Sünder" des Dorfes auf das Ausgiebigste verspottet. Solche Sanktionen sichern die Regeln des vielgeschlechtlichen (und sonstigen) Wohlverhaltens recht wirkungsvoll.

3. DISKUSSION:

Die Ungereimtheiten der amaretensischen Zehnfachgeschlechtlichkeit

Nach dieser Darlegung der Grundmuster der Geschlechtlichkeit in Amarete und ihren alltagspraktischen Konsequenzen bleiben mir vor allem drei Punkte zu diskutieren:

(1) Im nachfolgenden Abschnitt 3.1 „Sonnenaufgang und rechte Hand" greife ich den dargelegten „Widerspruch" im Bereich eines der zentralen Geschlechtsindices von Amarete auf – dem oben/unten. Der Widerspruch verlangt nach Auflösung und führt mich zu den amaretensischen Prinzipien der Konstruktion von Raum.

(2) Im Abschnitt 3.2 „Zur Frage der Priorität der beiden Geschlechtsindices" greife ich eine weitere dargelegte Ungereimtheit auf. Sie bezieht sich auf etwas für Amarete so wichtiges wie die Geschlechtsbestimmung des verschiedengeschlechtlich Doppelgeschlechtlichen – was in Sitz-, Geh- und Handlungsordnung usw. schließlich nachhaltige Folgen hat. Diese Ungereimtheit ist Folge der amaretensischen Ambivalenz in der Prioritätensetzung für den einen oder anderen Index des symbolischen Geschlechts. Ich werde sowohl eine Reihe von Daten prüfen als auch den konnotativen Raum der beiden Indices ausleuchten in dem Versuch, hier zu einer Klarheit zu gelangen.

(3) Im Abschnitt 3.3 „Folgen und Funktionen" möchte ich dann abschließend wenigstens zwei der naheliegenden Auswirkungen der Zehnfachgeschlechtlichkeit diskutieren: Einmal die Auswirkung dieses vielfältigen symbolischen Geschlechts und des Geschlechtswechsels auf die Beziehung von Mann und Frau in Amarete und zweitens die möglichen Funktionen des Zehnfachgeschlechts für die andine Religion.

3.1 Sonnenaufgang und rechte Hand:
Zur „weltlichen" Basis
der symbolischen Geschlechtsindices

(1) *Die Lage des Dorfes am Hang*

In einem zentralen amaretensischen Geschlechtsindex (oben/unten) gibt es, wie ich dargestellt habe, einen „Widerspruch". In der freien Landschaft ist Oben meist männlich (Berge), unten ist weiblich. Dem Oben und Unten entspricht auch eine physische Dimension. Kommt man auf die Äcker, auf das bebaute Land mit ihrem Oben- und Unten-Geschlecht, dann verliert das Oben und Unten jeden Bezug zur geographischen Oben-/Unten-Lage, und außerdem ist es plötzlich umgekehrt: Unten ist männlich, Oben ist weiblich. Und diese Umkehr hat Folgen, denn schließlich sind es die Äcker, welche das Geschlecht der Menschen bestimmen. Warum ist der Besitzer eines *hanaq*-Ackers (*hanaq* heißt oben) nicht männlich, sondern weiblich?

Ich habe Ritualisten und Ritualkenner in Amarete natürlich oft nach dem gefragt, was ich als „Widerspruch" sah: Warum in dem einen Fall Oben männlich, in dem anderen Fall Oben weiblich ist. Ich habe Strichmännchen mit Rock und Strichmännchen mit Hose (zur Kennzeichnung für männlich und weiblich) unzählige Male auf dem nackten Erdboden vieler Hütten von Amarete hin- und hergeschoben. Es hat den Ritualisten immer großen Spaß gemacht, aber es war ernste Arbeit.

Der erste Schritt der Arbeit bestand erst einmal in dem Aufweis des sogenannten Widerspruches – bald ist Oben männlich, bald weiblich, was soll das? Ich habe ausnahmslos große Überraschungseffekte mit diesem Aufweis erzielt – niemand ist sich dieses sogenannten Widerspruches bewußt. Aber sie erkennen ihn natürlich, und sie sind verblüfft. Dann fragte ich: Warum ist das so? Die Antwort war stets eine bestimmte Formel, die einem bei der Arbeit in Amarete wahrhaftig Geduld abverlangt; es ist die allerhäufigste „Ursachenerklärung" im rituellen Bereich: *„Jina puni kaq kasqa mundoq paqarisqan tiempomantapacha.* – Es ist schon immer so gewesen seit Geburt der Welt." So sagt z. B. Ubaldo Kuno: *„Chachiata tapurini machukunata, machukuna nillataq yachankuchu, costumbre, jayk'aq tiempomantapacha jina kaq kasqa!* – In der Sache habe ich die alten Männer gefragt. Auch die Alten wissen das nicht. Es ist halt Brauch. Seit unendlich langer Zeit ist das so gewesen!" (I–311) Das war 1991. Erst 1997 habe ich es herausgefunden, erst dann fügten sich für mich verschiedene Beobachtungen, alles zunächst Mosaiksteine, zu einem konsistenteren Bild zusammen. Ich will nur einige Mosaiksteine erwähnen, die in diesem langsamen Forschungsprozeß etwas zur Aufklärung beigetragen haben: die Blickrichtung von Meerschweinchen, der Friedhof, der Geschlechtswechsel der Sonne im Verlauf des Tages und ein Gang zum Sonnenuntergang in der Nacht.

(1) Mir fiel auf, daß das kleine Opfertier Meerschweinchen *(qowi)* einer ganz besonderen Behandlung im Raume bedarf. Bei den großen Opferritualen in Amarete spielen Meerschweinchen-Opferungen eine große Rolle. Ihr Herz wird herausgelöst, „gelesen", und den Gottheiten auf dem Opferfeuer dargebracht. Das Herz wird durch eine Opfergabe an das Tier ersetzt: Ein paar heilige Cocablätter und einige Nelkenblüten stopft man jedem der kleinen ent-herzten Tiere in den Leib. Dann werden die kleinen Leiber abgelegt, genau in Reih und Glied, sorgfältigst getrennt nach männlich und weiblich.
Was ich nun beobachtet hatte, aber überhaupt nicht verstand, war, daß die Opfertiere in bezug auf den handelnden Ritualisten mit Blick nach LINKS abgelegt wurden. Es widerspricht den üblichen Regeln, daß ein „weißes" Opfertier mit Blick in den „dunklen", linken, weiblichen Raum abgelegt wird. An einer anderen Opferstätte aber war es wieder anders: Die Meerschweinchenleiber lagen mit Blick nach rechts. Merkwürdig.

(2) Einmal versuchte ich herauszubekommen, was auf dem Friedhof nun eigentlich rechte (männliche) Seite und was linke ist. Denn auf dem Friedhof kann sich auch nicht jeder Mensch einfach hinpacken lassen, wo er will. „Stell' Dir vor", sagte ich zu einem meiner amaretensischen Gesprächspartner, „Du stehst vor dem Tor des Friedhofes und blickst auf die Gräber. Wo ist rechts?" Er wedelte heftig mit seiner linken Hand und versichert: „Das ist rechts!" Und der Mann war keinesfalls ein Linkshänder! – Ich verstand es nicht.

(3) Ein weiteres Beispiel: Ich bin in Amarete. Es war eine sehr kalte Nacht. Vor Sonnenaufgang krieche ich unter meiner Decke hervor und gehe hinaus in den Hof in sehnlichster Erwartung der wärmenden

Sonne. Als die Sonne gerade über den Horizont kommt, tritt mein *compadre* José neben mich und sagt – auch erleichtert sich reckend:

- *Allipuni tata inti lloqsimushianña.* – Gott sei Dank, Vater Sonne kommt schon raus.
- Habe ich dir schon erzählt, sage ich, daß bei uns, in meinem Land, die Sonne „eine Frau" ist?
- Bei uns auch, sagte er ohne jede Überraschung.
- Wieso, meinte ich, du hast doch eben gerade „Vater Sonne" gesagt, und hier erzählt mir jeder, daß bei euch die Sonne männlich ist.
- José: Ja, aber nur morgens. Abends nicht.
- Abends ist Vater Sonne eine Frau?
- Gewiß doch.

Das war ein wichtiger Hinweis. Ich erfuhr auf diese Weise, daß der Sonnenaufgang wohl männlich ist, der Sonnenuntergang weiblich. Immerhin hatte ich damit noch ein weiteres Kriterium für die Bestimmung von Geschlecht im Raum erfahren.

Ich versuchte, dies nun mit den Äckern in Zusammenhang zu bringen. Aber „Oben"-Äcker liegen bald östlich, bald westlich von „Unten"-Äckern. Es brachte mich nicht weiter.

(4) Doch einmal wies mir ein Indianer den Weg ins Oberdorf von Amarete mit den Worten *„intiq waykunan ladoman purinki* – du gehst in Richtung Sonnenuntergang". Das half mir zwar wenig, denn es war stockdunkle Regennacht. Aber auch das habe ich mir gemerkt. Und bei Tag habe ich festgestellt: Betrachtet man die Lage des Dorfes Amarete vom Auf- und Untergang der Sonne her, so liegt das Oberdorf (nach Höhenlage in der Tat oben) auf der Seite des SonnenUNTERgangs, also auf der weiblichen Seite, also ist hier das Oben weiblich. Das Unterdorf liegt auf der Seite des AUFgangs der Sonne, also auf der männlichen Seite, also ist Unten hier männlich (vgl. Übersicht 8).

Nachdem ich so weit gelangt war, gehört keine Genialität mehr dazu zu vermuten, daß die Oben-Äcker etwas mit dem Oberdorf zu tun haben, die Unten-Äcker etwas mit dem Unterdorf. Und genau so ist es. Die Äcker der Leute vom Oberdorf hießen ursprünglich *hanaq,* oben, die Äcker vom Unterdorf *ura,* unten. Die Äcker sind bezeichnet nach dem Wohnort der Ackerbesitzer. Heute hat sich das durchaus sehr

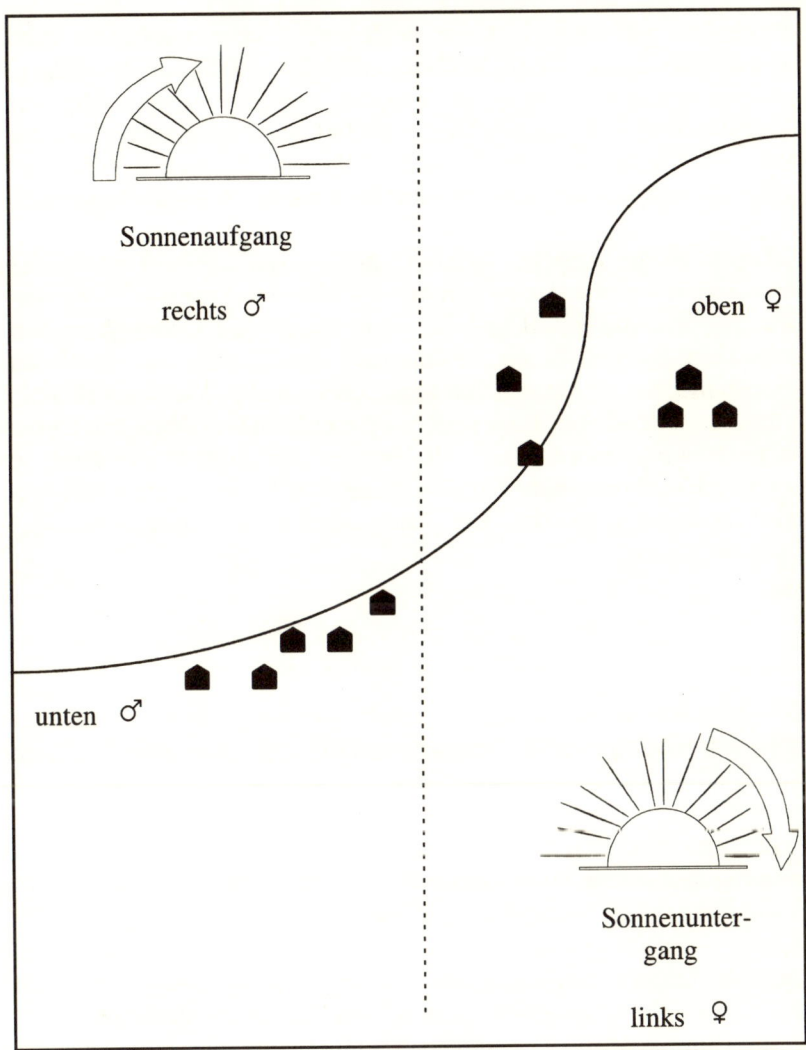

Sonnenaufgang

rechts ♂

oben ♀

unten ♂

Sonnenunter-
gang

links ♀

Übersicht 8: Die Lage von Amarete am Hang

verschoben, und es weiß kaum noch jemand. Das macht nun auch verständlich, daß die Oben-Äcker natürlich keinesfalls nur oben liegen, sondern überall verstreut auf der *qhapana* (Zelge, Rotationseinheit für Fruchtwechsel und Brache). Und es erklärt auch, warum das Oben der Äcker und damit auch die Basis des Oben-bestimmten Zehnfachge-schlechts weiblich ist – das Oberdorf liegt auf der Seite des Sonnenun-tergangs.

Damit ist die zunächst so merkwürdig erscheinende Umkehr der Assoziation von oben/unten und männlich/weiblich für das Dorf Ama-rete, für sein Ackerland und für seine Oben- und Unten-Menschen aufgeklärt. Es gibt für die Bestimmung des Geschlechts von Raum einfach mehrere Prinzipien. Ich nenne dies einmal „Multikausalität".

Im vertikalen Raum kann man das Geschlecht von Oben und Unten nach dem Leib bestimmen: Hoch, oben, größer, aufrecht ist männlich. Die Berge sind männlich. Das Geschlecht von Oben/Unten in horizon-taler Ausdehnung wie das Dorf – das bestimmt sich dagegen nach der Bahn der Sonne.

(2) Die dreifache Geschlechtsbestimmung von horizontalem Raum

Die „Multikausalität" der Geschlechtsbestimmung von Raum läßt sich auch sehr schön an der Bestimmung von Links/Rechts im horizontalen Raum aufweisen. Drei Kriterien sind hier wichtig:

– der eigene Leib,
– der Leib in Ausrichtung zum Aufgang der Sonne,
– die Bahn der Sonne unabhängig vom Leib.

Diese Kriterien haben Gültigkeit in jeweils verschiedenen Kontexten und für jeweils verschiedene „Arten" von Raum (vgl. Übersicht 9).

Im Alltagskontext ist es einfach. Rechter (männlicher) Raum ist, wo meine rechte Hand ist. Im Ritual aber muß nach Art des Raumes unterschieden werden. Das Rechts/Links, Männlich/Weiblich wird im Binnenraum, aber auch in einem umgrenzten Außenraum (z.B. der von Hütten umgebene Hof) erst bestimmt, wenn man seinen Leib ausge-richtet hat mit Blick zum Aufgang der Sonne. Im unbegrenzten Außen-raum der Landschaft bestimmt – vor allem im Kontext von Ritual und

	Binnenraum		Begrenzter Außenraum		Unbegrenzter Außenraum	
	A	R	A	R	A	R
Leib						
Leib und Sonne						
Bahn der Sonne						

Übersicht 9: Die dreifache Geschlechtsbestimmung von horizontalem Raum in Amarete (A = Alltag, R = Ritual)

Fest – die Bahn der Sonne, unabhängig vom Leib das Geschlecht des Raumes. Dies betrifft das Oben/Unten des Dorfes (welches vor allem in Ritual und Festlichkeit seine Bedeutung hat), es gilt für die rechte und linke Seite eines Regen-Sees, für die rechte und linke Seite eines Berg-*cabildos*, es gilt für das Abschreiten schwarzer Orte rings um das Dorf oder für die Lage von Quellen.

(3) *Ackerqualität und symbolisches Geschlecht*

Damit war das Oben/Unten (*hanaq/ura*) der menschlichen Geschlechtlichkeit aufgeklärt. Was es mit dem zweiten Geschlechtsindex, dem *kuraq/sullk'a,* auf sich hat, habe ich dann schließlich auch herausgefunden. Nur die ältesten Männer des Dorfes wissen es noch, nur sie kennen noch das alte Besteuerungssystem. Dieses richtete sich nach der Größe und Güte des Ackers. Nicht jede Hanglage ist gleich gut. Essentiell ist die Nähe einer Quelle, die relative Steilheit, die Bodenbeschaffenheit, die Sonnenlage und vieles mehr. Im Zusammenhang mit dem Studium des früheren Besteuerungssystems erfuhr ich zunächst, daß die *qallasu* (nur männliches Ackerland) die besten Äcker haben. Das ließ vermuten, daß sich der zweite Index der menschlichen Dreifachgeschlechtlichkeit auf die Qualität des Ackerlandes bezieht. Ich forschte nach, ob die *kuraq*-Äcker die nächstbesseren Äcker sind, die *sullk'a* die weniger guten. Genau so war es ursprünglich. Und das ergibt durchaus Sinn: Wo immer *kuraq* und *sullk'a*, wörtlich „älter" und „jünger", verwendet werden, bezeichnet *kuraq* das Bessere, Höhergestellte, Vorgeordnete. Und das ist in Amarete fast immer – Mann.

Die „Übersetzungsarbeit" ist damit beendet. Ein *hanaq-kuraq*, ein weib-männlicher Mann (*hanaq* ist oben und weiblich, *kuraq* ist älter und männlich) ist ein Mann, der zumindest früher im Oberdorf wohnte, welcher etwas besseres Ackerland hat (oder hatte). Und ein weib-weiblicher Mann? Er ist ein Mann ursprünglich aus dem Oberdorf mit (einst) etwas schlechteren Äckern.

So jedenfalls war es ursprünglich. Heute aber gibt es *wachu*-mäßige Unten- und Oben-Menschen in allen vier Dorfteilen, wenn auch unterschiedlich konzentriert. Und ein *sullk'a* kann viel größere Äcker haben als ein *kuraq*. Da sich beide Geschlechtsindices von ihrer Ausgangsbasis losgelöst haben, wird diese heute auch kaum erinnert.

Die doppelte Loslösung hat verschiedene Gründe. Wenn jemand innerhalb des Dorfes umzieht – z. B. ein *hanaq/sullk'a*, ein oben-jüngerer, weib-weiblicher Mann nach San Iqui, nach unten – dann nimmt er sein *hanaq*/oben-Geschlecht mit, er wechselt es nicht. Auch durch Erbe kann es solche Verschiebungen geben. Und durch die Erbteilung löst sich zum Teil auch das *kuraq* (älterer, größerer, besserer Acker) und *sullk'a* (jüngerer, kleinerer) auf. Wenn der *kuraq*-Acker einer *ura-kuraq*-Familie unter sechs Söhnen aufgeteilt werden mußte, dann haben sie zwar alle noch immer *kuraq*-Land – aber jeder hat nur eine kleine Parzelle, welche faktisch ein *sullk'a*-Äckerchen darstellt, das aber *kuraq* heißt.

Doch ist mit der Aufklärung der Geschlechtszuschreibung für das Oben/Unten der Äcker und damit der Menschen zunächst nur ein Teil der Fragen beantwortet. In den vorangehenden Abschnitten sind uns im Bereich amaretensischer Geschlechtlichkeit noch mehrere „Ungereimtheiten" begegnet.

3.2 Zur Frage der Priorität
der beiden Geschlechtsindices

Unter den „Ungereimtheiten", die uns bei den praktischen Konsequenzen des symbolischen Geschlechts begegneten, sind zwei besonders auffällig – beide haben mit der Frage zu tun, welche der beiden symbolischen Geschlechtsindices (oben/unten oder älter/jünger) primäre Bedeutung haben.

(1) *Die Ungereimtheiten der geschlechtlichen Gliederung*
bei Sitz- und Gehordnung

Wie erwähnt, gibt es einen drastischen Dissens in bezug auf die rituelle Sitzordnung des Syndikates. Dieser bezieht sich auf die Priorität des Geschlechtsindex der doppelgeschlechtlichen Menschen. Es gibt auf der einen Seite die üblicherweise praktizierte Sitzordnung, die alle – mit einer Ausnahme – für die richtige halten: Danach sitzen die *ura/kuraq*, mann-männlichen, sowie die *ura/sullk'a,* die mann-weiblichen Männer auf der männlichen Seite, die weib-männlichen und weib-weiblichen Männer entsprechend auf der weiblichen. Bei dieser Ordnung werden die Männer in die geschlechtlichen Räume, links und rechts, aufgeteilt nach dem ERSTEN Geschlechtsindex, dem Unten/Oben.

Pascual Tapia vertritt eine andere Ordnung. Für ihn hat der ZWEITE Geschlechtsindex Priorität. Immer wieder und mit großer Sicherheit hat er mir eben diese Ordnung vermittelt: Alle *kuraq*-Männer – egal, ob sie nun Oben- oder Unten-Männer sind – haben auf der rechten, der männlichen Seite zu sitzen, alle *sullk'a*-Männer auf der weiblichen, der linken. Übersicht 10 stellt die sich daraus ergebenden Sitzordnungen noch einmal gegenüber.

Für alle Amareteñer mit verschiedengeschlechtlichem Doppelgeschlecht ergibt sich daraus eine entgegengesetzte Sitzordnung. Und die gleichgeschlechtlich Doppelgeschlechtlichen müssen sich – wenn nicht seitenmäßig, so doch in der Abfolge ebenfalls umsetzen. (Und im Tanz müßten sie sich auch anders paaren!) So wie es Pascual lehrt, hat freilich keiner in allen Kollektivritualen, die ich dokumentiert habe, gesessen. Und Pascual hat das nicht bemerkt, oder es hat ihn nicht geschert. Das ist die erste „Ungereimtheit".

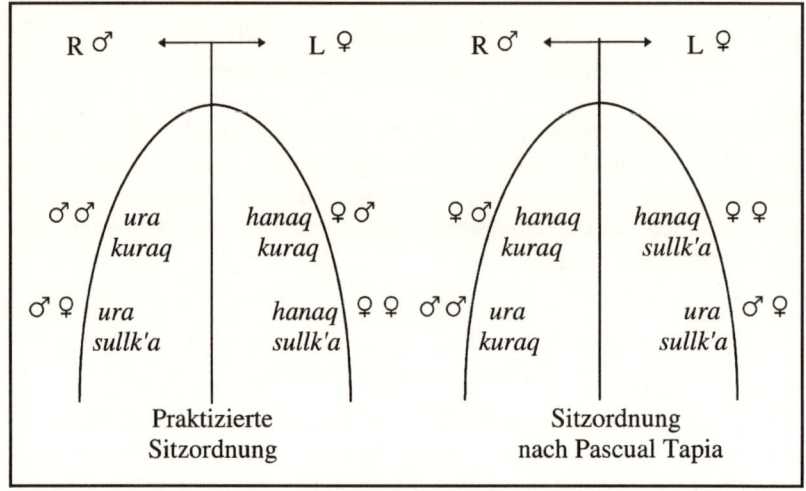

Übersicht 10: „Widersprüche" der Sitzordnung doppelgeschlechtlicher Amareteñer (R = rechts, L = links)

Die zweite „Ungereimtheit" wird deutlich beim Vergleich von Sitz- und Gehordnung. Bei der mehrheitlich praktizierten Sitzordnung ist das Oben/Unten das erste Kriterium, welches die Männer in den geschlechtlichen rechten und linken Raum plaziert. Bei der Gehordnung ist das Oben/Unten das zweitwichtigste Kriterium – erst einmal kommen die beiden *kuraq*, die von oben und unten, dann die beiden *sullk'a*, die von oben und unten (letztere umgekehrt, wenn es um die Handlungsordnung geht).

Ob es die ritualerfahrenen Ubaldo Kuno oder Santiago Tapia oder Felix Huaqui usw. sind oder die vorzüglichen Ritualkenner wie Valentin Kuno oder Francisco Ticona oder Anastasio Vega usw. – sie alle können mir nicht erklären, warum bei der Sitzordnung – so wie sie alle diese angeben – der erste Geschlechtsindex (*ura/hanaq*) Priorität hat und bei der Gehordnung der zweite (erst kommen beide *kuraq*, dann beide *sullk'a*). Sie haben aber mit diesem angeblichen Widerspruch auch kein großes Problem: „*Jina puni kaq kasqa* – das ist schon immer so gewesen."

Pascual Tapia freilich hat keinen Erklärungsbedarf. SEINE Ordnungen stimmen überein. Ich denke, das ist ein Hinweis, daß die von

Pascual Tapia angegebene Sitzordnung vielleicht doch die ältere und die „legale" ist, was bedeuten würde, daß der zweite Geschlechtsindex – das *kuraq/sullk'a* – wichtiger ist als der erste und daß die heute mehrheitlich angegebene und konsequent praktizierte Sitzordnung vielleicht doch nicht „*jina puni kaq kasqa* – immer so gewesen ist". Die Frage ist, welcher der beiden symbolischen Geschlechtsindices nun Priorität hat – oder, übersetzt in die „Ursprünge" der Indices: ob es wichtiger ist, bessere oder weniger gute Äcker zu haben oder aus dem Ober- bzw. Unterdorf zu stammen. Eine Klärung dieser Frage könnte einige der geschlechtlichen „Widersprüche" vielleicht entwirren.

Einer Antwort auf diese Frage möchte ich mich auf zwei Wegen annähern. Ich werde erstens den konnotativen Raum, den Bedeutungshorizont der beiden Begriffspaare beleuchten, welche das amaretensische Doppelgeschlecht definieren. Zweitens möchte ich noch einmal alle Datenhinweise sichten, welche für die eine oder andere Alternative sprechen.

(2) Der konnotative Bedeutungshorizont der beiden Geschlechtsindices im Vergleich

Die Bedeutung des zweiten Index, *kuraq/sullk'a* ist relativ einfach. *Kuraq* bedeutet älter, besser, zuerst, vorgeordnet. Und bei den Äckern bedeutet es deshalb auch – bessere Qualität. Besseres Ackerland heißt mehr *tawicho*. Und *tawicho* ist die Grundlage des Lebens.

Viel komplexer aber ist die Bedeutung des ersten Geschlechtsindex, des *hanaq/ura*, des Oben/Unten. Dies ist ja nicht nur einfach Oberdorf und Unterdorf. Es ist vielmehr Sonnenaufgang und Sonnenuntergang. Welche Bedeutungen sind damit verbunden?

Um das volle Spektrum der Bedeutungen von Sonnenaufgang und Sonnenuntergang zu vermitteln, muß ich kurz einfügen, wie man in der Kallawaya-Region die Zeit im Raum lokalisiert[12].

In unserer Kultur liegt die Zukunft im Raum eher vorn, die Vergangenheit hinten. Wir konstruieren die Zeit im Raum nach dem Leib, nach der Bewegung des Leibes, dem Gehen, so könnte man sich dies veranschaulichen. Ich gehe von hier und heute nach vorn in die Zukunft. Ich komme aus der Vergangenheit, sie liegt hinter mir.

Auch die Andenkultur konstruiert die Zeit im Raum nach dem Leib, aber nicht nach dem Gehen, sondern nach dem Sehen, nicht nach dem

Bein, sondern nach dem Auge. Welche Zeit kann ich sehen? Ich kann die Vergangenheit sehen – wenn vielleicht auch nicht immer ganz scharf, die Zukunft kann ich doch eigentlich nicht sehen. Ich sehe, wo ich Augen habe, vorn, also liegt die Vergangenheit vorn. Nur ein *yachaq,* ein *qhawaq,* ein Wahrsager, kann die hinten liegende Zukunft auch sehen. Aber dafür muß er ein *ñawi,* das heißt „Auge", ein symbolisches Auge – VOR sich hinlegen (VON SAMSONOW 1997).

Nach andiner Zeit also liegt das, was man gestern getan hat, vor einem, und der nachfolgende Tag liegt hinten.

Zurück zur Sonne. Der Aufgang der Sonne ist – außer mit Mann (aufsteigend, leibliche Konstruktion nach Geschlecht, Erektion) – auch mit Geburt, Neubeginn, Leben, Weiß, Hoffnung, gutem Ereignis assoziiert. Er ist auch assoziiert mit dem Raum VOR mir. Das gilt jedenfalls in BINNEN-Räumen: Der Ritualist bestimmt die rechte und linke Seite, und damit die männliche und die weibliche, die gute und die nachgeordnete – anhand der Zuwendung seines Leibes zum Aufgang der Sonne. Der Aufgang der Sonne ist also der Raum „vorn". Zeitlich betrachtet ist vorn „Vergangenheit". Vorn sind die Vorfahren. Vorfahren leben weiter, haben Macht, bestimmen das Leben der Menschen mit. Die wichtigsten Vorfahren werden zu *achachilas,* Gottheiten der Berge. Vorn ist also sakral. Vorn ist auch die bessere Zeit, die Vergangenheit, die legendäre, verklärte Zeit der Inka-Könige, vor der Eroberung durch die Fremden...

Der Untergang der Sonne bedeutet – außer Weib – auch Tod, Ende, Trauer, Kummer, Mißerfolg, Mißernte, Unheil. Der Untergang der Sonne ist mit Schwarz assoziiert. Schwarz ist Unheil, Krankheit, Hexerei, Entmachtung, böse Tat. Der Sonnenuntergang ist auch der Raum hinter mir – von der binnenräumlichen leiblichen Bestimmung des Raumes durch den Ritualisten her gesehen. Hinten ist die Zukunft. Hinten habe ich keine Augen. Die Zukunft ist unsicher. Ich sehe sie nicht. Sonnenuntergang ist Unsicherheit und Sorge und Angst.

Wenn wir diese polaren Bedeutungen von *hanaq*/oben/Sonnenuntergang und *ura*/unten/Sonnenaufgang betrachten, so kann man nur sagen – es sind die Pole von Leben und Tod, Gut und Böse, Hoffnung und Verzweiflung. – Vergleichen wir die Bedeutungsschwere von *hanaq/ura* in Assoziation mit Sonnenunter- und Sonnenaufgang – zur Bedeutung von *kuraq* und *sullk'a* – so will uns scheinen, daß erstere doch gewichtiger ist.

(3) Datenevidenz im Überblick und eine Option für das Unentschieden

Als zweites möchte ich versuchen, einmal alle Evidenz zu sichten, welche helfen könnte, die Priorität der beiden Geschlechtsindices zu erschließen und damit diverse Punkte des Dissens aufzulösen.

1. Man kann natürlich die Amareteñer FRAGEN, was denn nun wichtiger sei, daß ein Mensch oben/unten ist oder älter/jünger. Man kann fragen, ob die Oben-Leute sich mehr von den Unten-Leuten unterscheiden als z.B. die *kuraq-* von den *sullk'a*-Leuten oder umgekehrt. Und so habe ich mich auch kreuz und quer durch Amarete gefragt. Aber es gibt keinen Konsens. Selbst meine beiden Forschungspartner vertreten entgegengesetzte Ansichten. Für Valentin Kuno ist ohne jede Frage das Oben/Unten wichtiger (I-655), für Ubaldo Kuno das *kuraq/sullk'a* (I–451). Weshalb Ubaldo auch meint, daß die *kuraq* und *sullk'a* sich doch durchaus auch im Status unterscheiden (I-360).

2. Als zweiten Schritt kann man alle Hierarchien und Paarungen nach der Priorität des Geschlechtsindex sichten:
   - In der praktizierten Sitzordnung hat das eine, in der Geh- und Handlungsordnung das andere Kriterium Vorrang. Es ist unentschieden.
   - Nach Pascual Tapia (sein Modell der Sitzordnung) freilich ergibt sich in diesen drei Ordnungen eine klare Vorgeordnetheit des *kuraq/sullk'a.*
   - Bei Kombinationen – z. B. die Alferez (Schirmherren, Gastgeber) der großen Irwi- und Q'owa-Rituale oder die Kombination und Verheiratung der beiden „Grünen Kinder" im Q'owa-Ritual und bei vielen anderen Kreuzungen – gilt diejenige Lösung als optimal, wonach beide Kriterien gleichwertig sind: beide „über Kreuz". Schauen wir uns aber auch die Kompromisse an, so stellt man fest, daß es eine Kombination gibt, die verboten ist: Es können niemals zwei Oben-Leute oder zwei Unten-Leute kombiniert werden. Das spricht nun für ein Primat von Oben/Unten.
   - Außerhalb der Ritualkombinationen – beim Tanz bei den vielen Festen Amaretes – wird sehr viel öfter nach Oben- und Unten-Kombinationen getanzt als nach *kuraq/sullk'a.* Und das ist nachvollziehbar, weil bei diesen Festen die *zonas,* die Dorfviertel, die

nun einmal oben und unten sind, die organisatorische Einheit
darstellen.

3. Es gibt noch einen eindeutigen Hinweis auf eine Prioritätensetzung
   nach Pascual Tapia *(kuraq/sullk'a):* Sie sind verschieden gekleidet!
   Heute spielt das nur noch bei Festen eine Rolle, früher aber war es
   sehr bedeutsam. Jeder Mann hat eine *unku,* eine Art Schultertuch.
   Jede *unku* ist rot. Aber die *unku* der *kuraq-*Leute ist *ch'aqchayoq,*
   sie hat einen kleinen Streifen im Rot. Dieser signalisiert Überlegen-
   heit – der Streifen bedeutet „haben". Die *sullk'a* „haben nichts", sie
   haben nichts auf ihrer *unku* – sie ist einfach rot. *Lili qoya unku* wird
   sie genannt, die „wenig Besitz-*unku".*

4. Als letztes muß noch einmal Pascual Tapia zu Wort kommen. Seine
   Stimme hat Gewicht. Im RITUAL spielt das Geschlechtssystem in
   Amarete die wichtigste Rolle, und Pascual war der wichtigste und
   erfahrenste Ritualist zweier Jahrzehnte. Zu meiner Überraschung:
   Das Oben und Unten des Dorfes hat für ihn überhaupt nichts mit
   Geschlecht zu tun: *„Mana, kasqan pura chaykaqqa, kasqan pura,*
   mana chaytaqa kayqa warmi lado, kayqa qari lado nisuwanchu ni
   ima nisuwanchu, chaykunaqa igualla. – Nein, die sind genau dasselbe, ganz genau dasselbe, man kann hier nicht sagen, das sei
   weiblich und das sei männlich oder so etwas Ähnliches, die sind
   genau dasselbe" (I–474).

Und dann ist es für Pascual auch nur konsequent, wenn er die *ura* und
hanaq, die Unten- und Oben-Leute, in seiner Sitzordnung genauso auf
die linke wie auf die rechte Seite setzt.

   Läßt sich aus diesem doppelten Strang der Prüfung – der Vergleich
der Bedeutungen, die mit den beiden Geschlechtsindices verbunden
werden und die Sichtung von behaupteten und praktizierten Ordnungen
– nun eine Entscheidung treffen?

   Ich meine, hier gibt es nur eine Lösung, die ganz im Sinne des
amaretensischen Denkens ist. Nicht entweder oder, ja oder nein, dies
oder jenes Kriterium, sondern beide. Mal ist das eine, mal das andere
Kriterium wichtiger. Welches Kriterium mehr Bedeutung hat, mag sich
sowohl auf der horizontalen Ebene, d.h. je nach Kontext, unterscheiden
als auch auf der vertikalen – der historischen Ebene – gewandelt haben.
Die eigentlich wichtige Information, die bleibt, ist das Denken in
Kategorien von Geschlecht und Paaren.

(4) Das Primat des Weiblichen

Wie es denn nun mit der Priorität der Geschlechtsindices steht interessiert eigentlich keinen Amareteñer. Aber eine andere Frage interessiert auch sie. Es ist deutlich, daß in der Handlungsordnung die weibliche Seite eine gewisse Priorität hat. Jedenfalls handeln die weiblichen Amtsinhaber vor den männlichen. Auch handelt jedenfalls ein Teil der *wachu*-weiblichen Männer vor den *wachu*-männlichen Männern. Auch gehen, außer den *qallasu,* alle weiblichen *wachu*-Männer voran (nicht jedoch die weiblichen Amtsträger). Das widerspricht jeder sonstigen Reihung von Mann und Frau in Amarete – männlich kommt sonst immer und unweigerlich zuerst.

Wie deutlich diese Priorität des Weiblichen immer ist – die Frage stellt sich: Warum? Einige Amareteñer haben dafür eine klare Antwort (I–632, I–633, I–634): Die höchste Bedeutung hat diese gesamte Handlungsordnung im Kollektivritual. In drei der vier zyklischen Kollektivrituale geht es grundsätzlich und an allererster Stelle um *tawicho,* Nahrung. Auch bei dem vierten, dem Wakan Wañu, dem Geburtstag des Esqani, dem neuen Jahr, spielt *tawicho* natürlich eine hervorragende Rolle. Und *tawicho* ist weiblich. Das Weibliche bedeutet Produktion, Fruchtbarkeit. Das Männliche bedeutet in Amarete Autorität, Kraft, Führung. Wenn es um Kraft geht, um männliche Potenz, dann werden *wachu*-mäßig männliche Männer als erste eingesetzt. Das gilt zum Beispiel beim Bau einer Art „Stierkampfarena" im Dorf für eines der großen, amaretensischen Feste. „Stierkampf" ist männlich. Beim Bau der „Arena" kommen deshalb die männlichen Männer vor den weiblichen Männern dran. Wenn es jedoch um *tawicho* geht, ist mit Autorität, Kraft und Führung nichts auszurichten. Hier, in den zyklischen Ritualen hat das Weibliche den Vorrang. Daß das Weibliche allein für Leben und Gedeihen nicht reicht, ist hinlänglich deutlich in der vielfachen Verheiratungsritualistik ausgedrückt: opfernde Männer werden „verheiratet", Opfergaben, Quellwasser, Lamaföten.

3.3 Folgen und Funktionen des Zehnfachgeschlechts

Welche Folgen und Funktionen hat nun das Zehnfachgeschlecht in Amarete? Dazu möchte ich einige – zugegebenermaßen spekulative –

Überlegungen einfügen. Ich kann das Thema gewiß nicht ausdiskutieren, ich denke, dafür fehlen mir noch weitere Jahre der Erfahrung mit Amarete; aber ich möchte wenigstens einige Aspekte in die Diskussion bringen: (1) Die Bedeutung der zehn Geschlechter für die Beziehung von Mann und Frau und (2) ihre Bedeutung für die Frage von Bezugsgruppe, Stimmrecht und religiöser Achtsamkeit.

(1) Die Bedeutung der zehn Geschlechter und des Geschlechtsrollenwechsels für das Verhältnis von Mann und Frau

Um diese Frage zu behandeln, muß ich kurz auf die soziale Realität, die Machtverteilung zwischen Mann und Frau in Amarete eingehen.

Die soziale Realität in Amarete ordnet die Frau dem Mann nach. Ein ÖFFENTLICHES Amt in der Hand einer Frau ist undenkbar in Amarete. Die ÖFFENTLICHE MACHT ist in Amarete fest in der Hand des Mannes. Auch ist der Mann in vieler Hinsicht freier, es ist Teil seiner Macht. Es ist ausgeschlossen, daß eine Frau alleine herumreist – sagen wir, mit der Lamakarawane hinab in den Dschungel.

Auch im Ritual zeigt sich die Nachordnung der Frau. Ihre Rolle ist verschwindend klein. Gewiß, die *mama thana,* die Hauptritualistin, ist bei den meisten Phasen aller Rituale dabei und sitzt der Frauengruppe vor. Viel zu tun gibt es freilich nicht. Zwar haben die Frauen die Ingredienzien zusammengestellt, um ihre Männer mit allem Erforderlichen auszustatten, aber sie selbst bekommen keine Ingredienzien in die Hand – außer auf dem Umweg über die Männer: Vom *thana,* dem Hauptritualisten, erhalten sie Cocablätter und Nelken für das kleine *k'ichikuy*-Opfer, von ihm erhalten sie Flüssigkeit für die rituelle Libation, die sie allerdings nur über ihrer eigenen kleinen Bereitung machen dürfen – keinesfalls über den vielen Opfergabenbereitungen des *thana* Hauptritualisten). Sie dürfen das Opfertier bewachen und ehren und in der Hütte – und nur dort – im beißenden Rauch bei Opfergabenverbrennungen dabei sein. Bei allen anderen Opfergabenverbrennungen aber sind sie verbannt. In einem der Kollektivrituale, dem Irwi, gibt es noch eine weibliche Ritualrolle, aber ihre Aufgabe ist schnell getan: Sie hat nur ein paar Kartoffeln für die rituelle Ehrung auszugraben. Was die Frau im Ritual vor allem zu tun hat, ist kochen, Suppentöpfe schleppen, Suppe ausschöpfen und ihrem Mann reichen (er ist es, der die Männer strikt nach Amts- und *wachu*-Geschlecht bedient) und dann alle Tonschalen wieder einsammeln und die Töpfe mit der nunmehr entstandenen Einheitssuppe (ein wenig von allen nicht verzehrten Suppen) wieder nach Hause tragen.

Andererseits gibt es auch Freiheiten für die Frau, welche dem Mann versagt sind, etwa im emotionalen Ausdruck. Ein Beispiel ist das freie Tanzen, welches der weibliche Mann Francisco Limachi so genoß (vgl. Abschnitt 1.6). Oder das *yapakuy* im Todesfall: Die Möglichkeit des lauten Weinens und Klagens. Das dürfen nur Frauen. Männer sitzen bei einem Todesfall neben dem aufgebahrten Toten steif herum und spielen – sinnigerweise mit STEINEN – ein Spiel – *phishkakuy* – und beten steinern.

Auch die Frau hat ihre spezielle Macht. Ist die ÖFFENTLICHE Macht in der Hand des Mannes, so ist die viel alltäglichere HÄUSLICHE Macht weitgehend in der Hand der Frau. Und häusliche Macht dort ist viel mehr Macht als häusliche Macht hier: In Amarete sind alle Nahrungsmittel einer Familie – Kartoffelernte, getrocknetes Lamafleisch usw. – in der Vorratshütte. Und diese wird ausschließlich von der Frau kontrolliert. Darin hat der Mann nichts zu schaffen. Verweigert es die Frau, an die Vorräte zu gehen, ist der Mann in einer schwierigen Lage. Es gibt kein Restaurant in Amarete, wo man sich etwas zu essen kaufen kann. Abgesehen davon gibt's auch kaum Geld, man kauft sich etwas durch Tausch mit Nahrung. Gewiß, der Mann kann zu seiner Mama essen gehen, wenn sie noch lebt. Aber dabei verliert er das Gesicht. Wenn also die Frau grollt und ihre Vorratshütte verweigert, wird die Ernährungslage für den Mann prekär. Auch die Frau hat also Macht.

Und sie kann auf die gleiche Weise auch indirekt erheblichen Einfluß auf die ÖFFENTLICHE Macht des Mannes ausüben. Es gibt keine öffentliche Amtsausübung in Amarete ohne ausgiebige Eßgelage. Der Mann wird in seiner Amtsführung nachhaltig behindert, wenn seine Frau den Hahn der Vorratshütte drosselt.

Was bedeutet es nun für die soziale Realität in Amarete, die skizzierte Verteilung von Macht und Ansehen von Mann und Frau, daß manche Männer (um erst einmal von ihnen zu sprechen) die Möglichkeit haben, temporär, doch real, ja leiblich (Tanz, Arbeit) die Erfahrung einer Frau zu machen?

Um diese Frage wissenschaftlich zu beantworten, müßte ich die Rolle von Mann und Frau in einem Anden-Dorf untersuchen, welches in jeder Hinsicht die gleichen Bedingungen hat wie Amarete – nur nicht

diesen Geschlechts- oder Sphärenwechsel kennt. Ein solches Ver-
gleichsdorf gibt es nicht. Ich kann also nur Vermutungen anstellen.

Könnte es nicht sein, daß die Möglichkeit des Geschlechtsrollenwechsels, z.B. die temporäre und partielle Erfahrung des Weiblichen
seitens des Mannes – zumindest einiger Männer – (und das gilt ja auch
für die Frau) die geschlechtliche Zweiteilung entzementiert, entpolari-
siert? Könnte es nicht sein, daß die Möglichkeit des Geschlechtsrollenwechsels in Amarete mehr Verständnis schafft seitens des Mannes
für die Rolle und die Realität der Frau (wie umgekehrt auch der Frau
gegenüber der Realität des Mannes)? Könnte es nicht sein, daß ein
Mann in Amarete, der die Möglichkeit eines Geschlechtsrollenwechsels hat, sein eigenes Selbstverständnis durch diese Erfahrung ERWEI-
TERT – könnte es nicht sein, daß er in sich, dem Mann, auch weibliche
Sphären entdeckt?

Der Analytiker C. G. Jung geht davon aus, daß die Seele eines jeden
Menschen weibliche und männliche Seiten hat, *anima* und *animus*. Und
die Jungianer unter den Psychotherapeuten versuchen in mühsamen
Jahren der Psychotherapie ihre Klienten zur Individuation zu führen, d.
h. zur Erkenntnis und zur Integration der weiblichen und der männlichen Sphäre im Selbst. Ist nicht in Amarete die Erkenntnis und Integration von *animus* und *anima* gewissermaßen im sozialen Rollenwechsel
real vorgegeben?

Solche Schlußfolgerungen wären sympathisch. Zunächst glaubte ich
auch, eine ganze Reihe von Hinweisen in eben dieser Richtung interpretieren zu können. Je vertrauter ich aber mit Amarete wurde, desto
weniger glaubte ich, daß das symbolische Geschlecht und die Möglichkeit des Geschlechtsrollenwechsels eine Entpolarisierung der (biologisch bestimmten) Geschlechtsrollen bewirkt.

Zwar besteht kein Zweifel, daß es eine große Vielfalt von Kontexten
gibt, in welchen das symbolische Geschlecht eine Rolle spielt und im
Sitzen, Gehen, Handeln, Arbeiten, Austeilen leiblich gelebt wird, in
vielen Bereichen des Alltagslebens, bei Kollektivarbeiten, Amtsaus-
übungen, Versammlungen, Festen, Ritualen. Trotzdem ist wohl die
„gegensteuernde" Auswirkung gering – und dies vor allem aus folgenden Gründen:

1. Die basale alltägliche Arbeitsteilung, das Familienleben, die Sexua-
    lität sind von der symbolischen Geschlechtlichkeit nicht tangiert.

2. Die Möglichkeit des Geschlechtsrollenwechsels (vom männlichen Mann zum weiblichen Mann oder umgekehrt) besteht nur für ein Segment der Männer: diejenigen, welche von ihrer *wachu* her ein anderes Geschlecht haben als dasjenige, welches sie mit einem Amt übernehmen. Daneben gibt es noch die Gruppe von Männern, die ihr jeweils mitgebrachtes Geschlecht via Amt nur verstärken. Vielleicht kann sich in einem extremen Fall – vgl. der des Generalsekretärs Francisco Limachi – tatsächlich einmal ein Stück andersgeschlechtliche Identität ausbilden (vgl. Abschnitt 1.6). Doch oft und nachhaltig wird das nicht sein, wenn man das Alter berücksichtigt (vgl. u.).

Und wie sieht es bei den Frauen aus? Der Geschlechtsrollenwechsel bei den Frauen ist sehr viel häufiger. Hier gibt es zwei Möglichkeiten (beim Mann nur eine): erstens der Geschlechtsrollenwechsel durch die Übernahme eines andersgeschlechtlichen Amtes durch den Mann – und zweitens die Heirat. Bei der Heirat nimmt die Frau das *wachu*-Geschlecht des Mannes an.

Doch obwohl viel mehr Frauen ihr Geschlecht wechseln, hat dies weniger Bedeutung. Das symbolische Geschlecht der Frau kommt zum Tragen bei der Sitzordnung im Ritual, der Handlungsordnung im Ritual und beim Verteilen von Essen und Gütern (*runay kanki*). Das aber sind eher beschränkte Möglichkeiten. Die Frau übernimmt kein Amt und wird deshalb in keinem Fall über ein ganzes Jahr hinweg kontinuierlich und arbeitsintensiv ein anderes Geschlecht agieren. Ihre Rolle im Ritual ist minimal. „*Warmi mana mitikunchu.* – Frauen mischen sich da nicht ein", wie es Ubaldo Kuno knapp und bündig ausdrückt (I–312). Die Frau muß sich auf dem Boden im Kreis der Frauen genauestens nach *wachu*- und Amtsgeschlecht niederlassen. Und beim Austeilen und Empfangen von Essen im Ritual und beim Austeilen von Gaben nach dem Modell des *runay kanki* – agiert sie nach symbolischem Geschlecht. Insgesamt aber hat ihr symbolisches Geschlecht wenig Raum zur Verkörperung.

3. Einschränkend wirkt sicher auch das Alter. Die Möglichkeit des Geschlechtsrollenwechsels ergibt sich – jedenfalls für den Mann – erst in recht fortgeschrittenem Alter. Kein Amareteñer bekommt unter 40 oder 45 Jahren ein *kuraq*-Amt. (Und als Vokal ist er nicht eben in hoher Verantwortung.) Bis dahin dürfte – was immer sich an Geschlechtsidentität, biologisch oder symbolisch, ausgebildet

hat, recht festgefügt sein, fest genug, um nicht in einem Jahr der Amtsführung sehr wesentlich aufgeweicht zu werden (I–658, I–666).

4. Es handeln und arbeiten alle Männer, welche seit Geburt nach *wachu* weiblich sind, wiederholte Male in der Rolle der Frau: Wenn ein Mann eine mittlere Position im Syndikat bekleidet, muß er stets bei verschiedenen Kollektivritualen die Feldarbeit der Frau machen. Doch sind dies immer späte Phasen im Ritual, und so geschehen diese Handlungen meist in fröhlich angeheitertem Zustand, spielerisch und ohne jeden feierlichen oder falschen Ernst: das Rollenspiel bleibt eher äußerlich.

5. Der wichtigste Grund für meine Vermutung einer relativ geringen Auswirkung des symbolischen Geschlechts auf die biologisch bestimmten Geschlechtsrollen – erscheint ganz paradox. Bei all der vielfältigen Geschlechtlichkeit, welche in Amarete Natur und Umwelt, Acker und Mensch, Zeit und Raum bestimmt – ist vielen Amareteñern doch das Denken der *wachu* primär in Begriffen von Geschlecht nicht gerade vertraut. Der klügste Mensch, den ich in Amarete kenne, ist sicher mein Forschungspartner und *compadre* Valentin Kuno. Für ihn waren die zehn Geschlechter eine Angelegenheit, welche er mit leuchtenden Augen und brennend interessiertem Wissensdurst und Forschergeist in unserer Zusammenarbeit als „Kategoriensystem" überhaupt erst kennenlernte! Natürlich: *hanaq* ist weiblich und *kuraq* ist männlich usw., das ist ihm vertraut. Aber: Es war ihm gänzlich fremd, die *hanaq kuraq,* die *hanaq sullk'a,* die *ura kuraq,* die *ura sullk'a* als etwas anderes zu sehen als eine Gruppe mit ihrer jeweiligen Identität, ausgebildet durch die vielfältige Erfahrung gegenseitiger Gastlichkeitspriorität und ausgestattet mit Verhaltensregeln, um sich nicht auf Bänken, in Handlungsfolgen oder beim Volksgewühl auf dem Dorfplatz gegenseitig anzurempeln. Diese *hanaq-* und *ura*-Leute als „doppelgeschlechtlich" zu betrachten – das war Valentin nun wirklich neu (I–655, I–656). Ich vermute, es wäre die Falle der Exotisierung des Fremden und ein Überstülpen eigener Kategorien zu meinen, daß die Amareteñer – auch wenn so vieles bei ihnen „geschlechtlich" durchdrungen ist – „geschlechtlich" fühlen und denken. Die Geschlechtlichkeit hat Korrelate – Zugehörigkeit, Orientierung, Ordnung, und diese durchaus ganz ungeschlechtlichen Korrelate des Vielfachgeschlechts sind möglicherweise unvergleichlich viel wichtiger.

(2) Die Rolle der zehn Geschlechter in der Stärkung der andinen Religion: Achtsamkeit und Opferschuld

Ich vermute, daß drei andere Funktionen des *wachu*-Systems wichtiger sind: die Erweiterung der Bezugsgruppen, die Sicherung von Sitz und Stimme sowie vor allem die Auswirkungen im religiösen Bereich.

Die wichtigsten, das Alltagsleben tragenden sozialen Strukturen in Amarete sind die Familie und das System der rituellen Patenschaft (*compadrazgo*), welche einen zweiten – symbolischen – Familienbereich aufbaut. Die biologische und die rituelle Familie sind die primären Solidaritätsgruppen gegenseitiger Hilfe. Eine starke Bezugsgruppe ist, wie die Organisation der Feste zeigt, auch die *zona,* das Dorfviertel.

Das *wachu*-System der zehn Geschlechter bietet nun eine weitere Bezugsgruppe an, die über Familie und *zona* hinausgeht und die, in bestimmten Situationen jedenfalls, zuerst versorgt wird (*runay kanki*). Das Netz der Bezugsgruppen verdichtet sich also durch das *wachu*-System.

Außerdem sichert das filigrane *wachu*-System sowie die Zusammensetzungsregeln des Syndikates, daß „Arme" und „Reiche" gleichermaßen repräsentiert sind. In Amarete sind alle arm, aber es gibt Leute, die recht gute Äcker haben (*qallasu*), mittelgute (*kuraq*) und solche, die schlechtere haben (*sullk'a*). Und auch, wenn sich hier die Gültigkeit der Bezeichnung verschoben hat, besteht noch immer diese Tendenz. Doch sie alle sind in den Ämtern in gleicher Zahl berücksichtigt und repräsentiert. Denn es muß, wie erwähnt, das Syndikat, die Dorfversammlung – jedenfalls außerhalb der geschlechtlichen Ämter – nach möglichst gleichmäßiger Repräsentanz aller Ackergeschlechter zusammengesetzt werden. Der *sullq'a* hat also ebenso Stimmrecht wie der etwas besser gestellte *kuraq*. Und nichts hindert den *sullk'a,* auch die wichtigsten vier Ämter zu übernehmen (sie werden ja nicht nach *wachu*-Geschlecht vergeben) – und folglich als Amtsträger ein *kuraq* zu werden (die vier obersten Ämter im Syndikat sind *kuraq)*. Eine wirklich wichtige Funktion der Zehnfachgeschlechtlichkeit ist also die Sicherung der Repräsentanz aller Besitzschichten in der leitenden Dorfversammlung.

Die nachhaltigste Rolle spielt – wie ich im Kontext dieser Arbeit nur andeuten konnte – das System der zehn Geschlechter im religiösen Kollektivritual. Hier erst entfalten sich auch die Regeln der Geschlechtskombinatorik zu ihrer höchsten Kunst [vgl. Abschnitt 2.2 (4)]. Komplizierte Regeln aber sichern auch Achtsamkeit. Die zehn Geschlechter – und ich denke, das ist eine der wichtigsten Funktionen dieses *wachu*-Systems – sichern die religiöse Achtsamkeit. Da kann nicht irgendein Ritualteilnehmer zusammen mit irgendeinem anderen irgendeine Opfergabe mal eben irgendeinem Opferort zuweisen. Alles muß vielmehr auf das Sorgfältigste nach Geschlechtlichkeit – symbolischer und biologischer – austariert sein, denn Opfergeber, Opfergaben, Opferorte müssen „verheiratet" sein, d.h. verschiedengeschlechtliche Paare bilden und Opferspender und Opfergabe sowie Opfergabe und Opferanlaß müssen gleichgeschlechtliche Paare sein. Wenn man sich zusätzlich verdeutlicht, wie komplex ein mehrtägiges amaretensisches Kollektivritual sein kann (als Andeutung vgl. Übersicht 11) und daß Paarbildungen zu jedem Zeitpunkt und auf allen Ritualbühnen stattfinden, so ist die erforderliche Aufmerksamkeit wahrlich hoch.

Doch solche Achtsamkeit im gesamten rituellen Handeln wird nur dann aufrechterhalten, wenn das System der zehn Geschlechter auch eine hohe Verbindlichkeit hat. Es wird, wie ich berichtet habe, ein bißchen gespottet, wenn sich ein Syndikatsmitglied auf die falsche, seinem *wachu*-Geschlecht nicht entsprechende Seite setzt. Aber das ist nicht alles; wenn das Falschverhalten anhält, folgen drastische Sanktionen bei Nichtbeachtung [vgl. 2.2 (6)]. „*Sagrado*" ist die Sitzordnung nach *wachu*-Geschlecht, und man wird nicht müde zu betonen: „*Mana ithikaykumanchu arí, iguallata puni astaki tiyayku, mana ithikaykuchu ni imapipas* – Man könnte sich auf keinen Fall anders setzen, genauso sitzen wir auf alle Zeit, in keiner Weise rücken wir je davon ab" (I–318).

An solchen Stimmen und an den Sanktionen ist erkenntlich, daß in Amarete dem System der zehn Geschlechter eine hohe normative Verbindlichkeit zukommt. Und erst damit kann es auch seine Rolle im religiösen Bereich – vor allem für die Sicherung von Achtsamkeit – spielen.

Das System der zehn Geschlechter hat im religiösen Bereich noch eine weitere konservierende Funktion, die paradoxerweise mit der Anfälligkeit des Systems für Fehler zusammenhängt. Das soll im folgenden noch etwas genauer beleuchtet werden.

Wie in den vorangehenden Abschnitten mit der Diskussion vermeintlicher Widersprüche und Ungereimtheiten deutlich geworden ist – muß man in Amarete nicht alles so eng sehen im Bereich der Raum- und

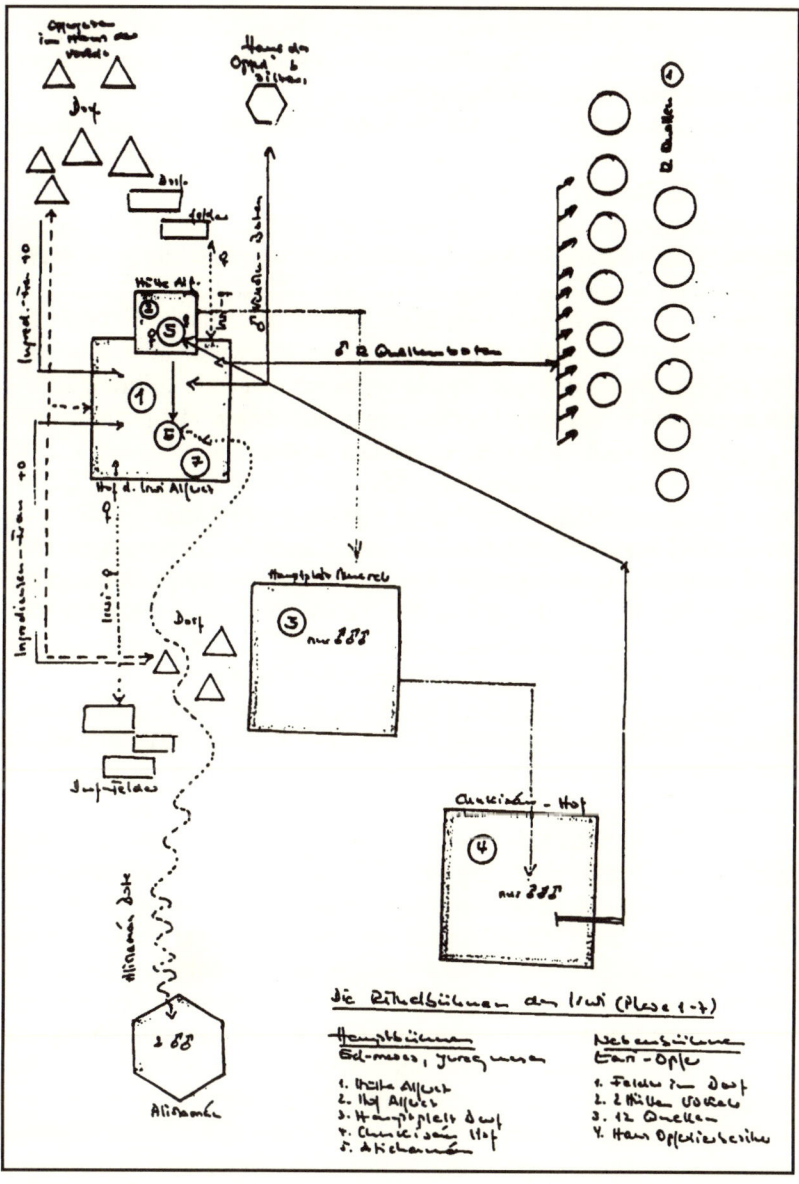

Übersicht 11: Ablaufskizze eines amaretensischen Kollektivrituals (Feldforschungsskizze)

Zeitordnung nach dem Zehnfachgeschlecht. Es geht um die Grundprinzipien – nicht um jedes Detail seiner Ausgestaltung. Die Grundprinzipien sind Geschlechtlichkeit und Paarung.

Ob das „Modell Pascual" bei der Sitzordnung gilt oder das „Modell
Mehrheit" – es ist gar nicht so wichtig, schließlich ordnen beide
Modelle den Raum nach Geschlecht.

Die Gelassenheit im Umgang mit dem System der zehn Geschlechter
zeigt sich auch daran, daß kein Amareteñer aus der Fassung gerät, wenn
ein Mensch in Syndikatssitzungen und Kollektivritualen auftaucht – z.
B. ich –, der/die nun (außer im Blick auf das biologische Geschlecht)
geschlechtsmäßig nicht zu klassifizieren ist. Ich wurde als Gast – und
seit ich mit Pascual Tapia rituell verwandt war, als „Ehrengast" –
behandelt und in der Regel rechts neben den *thana* (Hauptritualisten)
plaziert – wenn ich nicht (wie es die Dokumentation meist erforderte)
einen anderen Platz aushandelte. Mein Geschlecht war einfach *kuraq,*
„älter", also männlich. Auch hat es niemals zu Problemen geführt zu
entscheiden, an welcher Opferstätte mein Lamafötus zu opfern sei. Daß
ich ein solches zu einem großen Amarete-Ritual mitbringe, verlangt die
Etikette. Gewiß, ich als Opfergabenspender bin ein geschlechtliches
Neutrum, aber mein Opfertier hat Geschlecht – und so kann es auch in
die amaretensischen Heiratskalküle eingebaut werden.

In Amarete ist – jenseits der Grundprinzipien Geschlechtlichkeit und
Paarung – nicht nur die zehngeschlechtliche Ordnung in Zeit und Raum
keinesfalls zwanghaft – das gleiche gilt auch für sehr viele andere
Ritualhandlungen und Regeln.

Gefährlich ist jedoch der enorm fließende Übergang zwischen Spiel-
raum, Improvisation und FEHLER. Dies wird sehr deutlich, wenn man
einmal, wie ich es an anderer Stelle eingehend dokumentiert habe
(RÖSING i. A.), die Vielfalt der Informalitäten, die sich auch der erste
und beste Ritualist immer wieder einmal leisten kann, mit dem vergleicht, was einem unerfahrenen Ritualisten sogleich als Fehler ange-
kreidet wird: Das kann durchaus das Gleiche sein. Es gibt überhaupt
keinen Zweifel, jeder ritualerfahrene Amareteñer kann informelle,
etwas abgeschwächte, ausgeleierte, nachlässige Ritualhandlungen von
formalen Vollzügen bestens unterscheiden. Auswahl und Entscheidung
durch Cocalesung, ausgiebige Weihrauchweihung und anhaltendes
Gebet, Bekreuzigung aller Opfergaben, bestimmte Körperhaltungen –
das sind nur einige der eindeutigen Indices. Aber auch, wenn Informa-

lität wahrgenommen wird, wird diese nicht unbedingt thematisiert, kritisiert oder eingeklagt. Das geschieht erst, wenn Unheil auftaucht.

Unheil ist grundsätzlich Ausdruck eines Ungleichgewichtes zwischen Göttern und Menschen im Geben und Nehmen, es ist ein Mißfallensausdruck der Gottheiten. Aber alle Gottheiten sind in ihrer Grundeinstellung wohlwollend. Wenn es solche Zeichen des Mißfallens gibt – die Gottheiten den Menschen also Gunst entziehen, so kann es nur an den Menschen liegen, welche den Gottheiten ihrerseits etwas vorenthalten haben, sie sind eine Gabe schuldig geblieben: die den Göttern zustehende Ehrerbietung sowie Speise und Trank. Sie sind in Opferschuld geraten.

Was ist mit „Opferschuld" gemeint? In den Anden ist die Beziehung zwischen Göttern und Menschen nach dem gleichen Wert geregelt wie die Beziehung der Menschen untereinander – nach dem Wert der Reziprozität. Danach müssen Geben und Nehmen stets im Gleichgewicht sein. Was die andinen Gottheiten zu GEBEN haben, ist alles, was den Menschen wert und teuer ist: Nahrung, Gesundheit, Wohlstand, Fruchtbarkeit, Schutz vor Unheil. Was sie in Gegengabe dafür ERHALTEN wollen, ist Ehrerbietung (Gebet) und Speise und Trank (Opfergabe).

Wenn im Bereich der Opferrituale etwas vernachlässigt oder vergessen wird, wenn etwas ausgelassen wird oder Fehler gemacht werden – und wie leicht kann das vor allem im Bereich der Geschlechtskombinatorik passieren –, dann fehlt es an Gegengabe an die Götter, es entstehen Opferschulden. Nicht in SCHULD geraten die Menschen, sondern in SCHULDEN, in ein Defizit im Geben.

Das werden die Götter nicht ohne Widerhall belassen. Sie schicken erst kleine, dann größere Signale von Unheil: unzeitgemäßes Wetter, zu viel Regen, zu große Dürre, einen destruktiven Hagel, einen die junge Kartoffelpflanze bedrohenden Frost, Ungeziefer, Blitzeinschlag, Verlust, Krankheit, Tod. Es gibt kein Unheil, und sei es das kleine Stolpern auf einem Weg, das Brechen eines Dachsparrens, eine kleine Verletzung beim Holzhacken usw. – das nicht als ein solches Signal angesehen würde: Es besteht Opferschuld! Opferschuld aber ist immer behebbar durch ein neues Opferritual. Dann ist wieder ausgewogene Reziprozität, und die Gottheiten sind wieder wohlgesonnen und nehmen das Unheil von den Menschen hinweg.

Dieses Denken im Konzept von Opferschulden ist meines Erachtens eine der wichtigsten Ursachen für das Überleben und die Durchsetzungsfähigkeit der Andenreligion und des Andenrituals. Wer immer nach seiner Konvertierung zu den evangelikalen Sekten, welche alles andine Ritual unter Androhung der Strafe des Teufels verbieten, wieder aus diesen Reihen ausbricht und zurückkehrt zu Katholizismus und andiner Religion – hat Unheil erlebt. Mariano ist ein Freund meiner ersten Tage in der Kallawaya-Region: Zwischen uns gab es viele freundschaftliche Gespräche, gegenseitige Hilfe und Gastlichkeit. Mariano war ein Evangelikaler geworden. Tapfer hat er es einige Jahre durchgehalten. Und warum ist er wieder in den „Schoß der *Pachamama*" zurückgekehrt, wie er es selbst ausdrückte? „Was meinst du, warum mir in einem Jahr zwei Schafe sterben, im nächsten drei, dann wieder drei!? Mein *cabildo* (Opferstätte) schreit nach einem Mahl! Ich habe einen großen Sack Cocablätter gekauft, und ich habe Alkohol gekauft, und ich habe das *cabildo* versorgt und das *cabildo* besoffen gemacht und mich auch – und seitdem ist alles wieder gut..." (I–199)

Auch bei der Rückkehr zur andinen Religion der indianischen Katecheten spielt das Konzept der Opferschuld eine offensichtlich bedeutsame Rolle. Ich habe mit nahezu allen indianischen Katecheten der Kallawaya-Region ausführlich über das Thema „Gott und *cabildo*" gesprochen. Es ging um die behutsam einzufädelnde Frage, ob sie zwischen dem, was ihnen die Katholische Kirche beibringt und dem, was die andine Religion verlangt, einen Widerspruch sehen. Ja, man sah zunächst fast immer einen Widerspruch. Viele Katecheten unterließen zunächst die Beopferung ihres *cabildo*. „Ist dieser Stein vielleicht Gott", sagt einer pointiert, „ich kann doch keinen platten Stein auf der Erde anbeten!" (I–221) Aber es gibt keinen Katecheten, der nicht früher oder später zurückgekehrt wäre zum andinen Ritual, zum Gebet und zur Opferung am *cabildo*. Unheil hatte sich gezeigt, Opferschuld!

Diese „Logik der Opferschuld" perpetuiert auch andine Religion und andines Ritual in Amarete. Und einer der wichtigsten ursächlichen Verdachtskandidaten für Opferschuld ist allemal ein Fehler im System der zehn Geschlechter.

4. SCHLUSSBEMERKUNG:

„Warum?" und „So what?"

Zum Abschluß möchte ich noch zwei naheliegende Fragen kurz ansprechen: (1) Warum nur Amarete? (2) So what?

(1) Ich habe in der gesamten Kallawaya-Region, zu der Amarete gehört, kein weiteres Dorf gefunden – und ich kenne alle Dörfer -, das diese elaborierte amaretensische symbolische Amts- und *wachu*-Geschlechtlichkeit kennt. Ich habe diese Amts- und *wachu*-Geschlechtlichkeit auch nicht in der umgebenden Aymara-sprachigen Region des Altiplano oder in den Anden Perus gefunden, wo ich Vergleichsforschungen durchgeführt habe. Sie ist auch – nach allem was ich weiß – nirgendwo in der bisherigen andinen Ethnologie erwähnt. Es scheint ein amaretensisches Spezifikum zu sein.

Die Geschlechtlichkeit von Physik, Natur und Umwelt ist jedoch andenweit gültig. Die amaretensische Erweiterung dieses Denkens auf den bebauten Acker, seine Besitzer und das Amt der Menschen ist also lediglich eine besonders – man möchte sagen – kreative Extension vorgegebener, charakteristischer andiner Denkkategorien.

Wir fragen natürlich in typisch westlicher Manier: Warum gibt es denn eine solche Präokupation mit Geschlecht in den Anden im Allgemeinen und in Amarete im ganz Besonderen? Wie ist das zu erklären?

Für die Kulturanthropologie, die sich mit außerordentlich komplexen und stetig in Entwicklung befindlichen Systemen befaßt, ist „Erklärung" ein viel zu großes Wort. Vielleicht sollte man besser „interpretative Einordnungsversuche" sagen. Als Modelle solcher interpretativen Einordnung stehen in der Kulturanthropologie derzeit nur zwei Möglichkeiten zur Verfügung: Funktionalismus und Kulturökologie (letzteres genau genommen nur eine Variante des Funktionalismus). Ich greife auf beide zurück.

Zu beiden Ansätzen trügen ethno-historische Daten, die Entwicklungsgeschichte eines kulturellen Phänomens, erheblich bei. Zu Amarete und der Kallawaya-Region liegt im Kontext der vorliegenden

Fragestellung jedoch, wie erwähnt, nichts vor. Jedenfalls begebe ich mich mit den Einordnungsversuchen der Vielgeschlechtlichkeit von Amarete auf das Glatteis von Hypothese und Spekulation. Meine Einordnungsversuche sind zu umschreiben mit den Stichworten Reziprozität, Reproduktion, Ökologie.

Das Denken in Kategorien der Geschlechtlichkeit und der geschlechtlichen Vereinigung oder Verheiratung ist zutiefst eingebettet in einen andinen Grundwert, welcher nicht nur die Beziehung zwischen den Menschen, die gesamte Arbeitsteilung, die Verteilung von Gütern und Hilfe, sondern auch – wie ich erwähnt habe – die Beziehung zwischen Menschen und Göttern regelt: der Wert der Reziprozität: Ich gebe dir, dann gibst du mir. Du gibst mir, dann gebe ich dir. Das Gleichgewicht von Geben und Nehmen muß immer aufrechterhalten bleiben – das ist Reziprozität.

Die bisherige Andenethnologie hat die Reziprozität in der sozialen Organisation der Menschen hinreichend belegt, ebenso wie die Reziprozität in der Beziehung zwischen Göttern und Menschen. Was hat nun dieser vielfach belegte andine Wert der Reziprozität mit dem andinen Denken in Kategorien der Geschlechtlichkeit zu tun?

Ich denke, das Grundmuster aller Reziprozität ist die geschlechtliche Vereinigung – Geben, Nehmen in einer Ausgewogenheit, die PRODUKTIV ist. Denkt man an die extremen ökologischen Bedingungen, unter denen die Andenindianer sich ihr Dasein erkämpfen, das heißt, ihre Nahrung sichern –, dann erscheint die Zentralität der Konzepte von Produktivität und Reproduktivität, also Geschlecht und geschlechtliche Vereinigung, plausibel und nachvollziehbar. Es ist ein plausibler, aber kein notwendiger Zusammenhang. Auch andere Grundmetaphern von Überleben sind denkbar.

Warum aber sind diese andinen Grundmetaphern des Überlebens – Reziprozität, Geschlechtlichkeit, Reproduktion – gerade in Amarete ausgeprägter und elaborierter als anderswo? Es ist wahrlich kein quantitativer Unterschied mehr – es ist ein qualitativer. In Amarete nämlich – im Gegensatz zu allen anderen Kallawaya-Dörfern – ist sogar ein ur-andiner „Eingeborener" (wie ich es in diesem Kontext einmal ausdrücken möchte), der z.B. aus dem Nachbardorf stammt, zumindest im Ritual ein Fremder: In Amarete weiß er sich überhaupt nicht vernünftig zu benehmen, tappt ständig in weibliche oder männliche

Fettnäpfchen, kapiert keine Ordnungen, weiß nicht, wer sich wo hinsetzen soll und wann dran ist und was mitbringt und was tun darf...

Nun hat Amarete – außer den zehn Geschlechtern – noch einige andere Besonderheiten im Kontext der Kallawaya-Region:

Amarete ist bei weitem das größte Dorf. Es hat das Vierfache an Einwohnerschaft sämtlicher anderer Dörfer (INE 1993). Die Siedlung ist viel kompakter als jede andere, zum Teil durch die Tektonik der Lage bedingt. Hier wohnen – das gibt es in keinem anderen Dorf – mehrere Familien um einen Kollektivhof. Der Zusammenhalt ist enger.

Die Traditionsgebundenheit ist – nach allen Kriterien, die man aufstellen kann – bei weitem am höchsten. Amarete hat sich stets am meisten von der Außenwelt und den Fremden abgeschottet. Auch mir (und allen anderen vorangehenden Forschern der Region) bot es über Jahre die feindlichste Stirn aller Dörfer.

Gerade ihrer starken Traditionsgebundenheit wegen haben die Amareteñer (wenn ich überhaupt solche Generalisierungen aussprechen darf) ein ganz starkes Identitätsgefühl, sie haben ein hohes Selbstvertrauen und einen sehr ausgeprägten, kämpferischen Stolz. Amarete hat sich auch am meisten gegen die spanische Oberherrschaft und die Großgrundbesitzer gewehrt, sie herrschten auch dort – aber Amarete wurde niemals als Estancia unterjocht.

All dies – enge Siedlungsweise, Abschottung, enger Binnenkontakt, Eigenständigkeit usw. – können schon als „Brutstätte" der kreativen Erweiterung von Tradition einleuchten, Schöpfungen oder Erweiterungen, welche ihrerseits in einem dynamischen Prozeß die genannten Besonderheiten – ausgeprägtes Identitätsgefühl, scharfe Grenzen zwischen Eigenem und Fremdem, Traditionsgebundenheit usw. – verstärken.

Ich habe versucht, diese Zusammenhänge in einer Skizze darzulegen (vgl. Übersicht 12). Den extremen ökologischen Bedingungen korrespondiert eine Grundmetapher des Überlebens (Reproduktion), deren Konstituenten Geschlecht, Vereinigung, Reziprozität (vertikal aufgeführt) tief hineinwirken in die Hauptbereiche des amaretensischen Lebens (horizontal aufgeführt). Die Hauptbereiche des amaretensischen Lebens sind Arbeit, Religion und „Sozialstruktur" (Verwandtschaftsnetz, Dorfverwaltung usw.). Alle hier produzierten „Wirkungen" – die Wirkung durch Koordination im Bereich der Sozialstruktur, die Wirkung der Hände Arbeit, die Wirkung des religiösen Rituals –

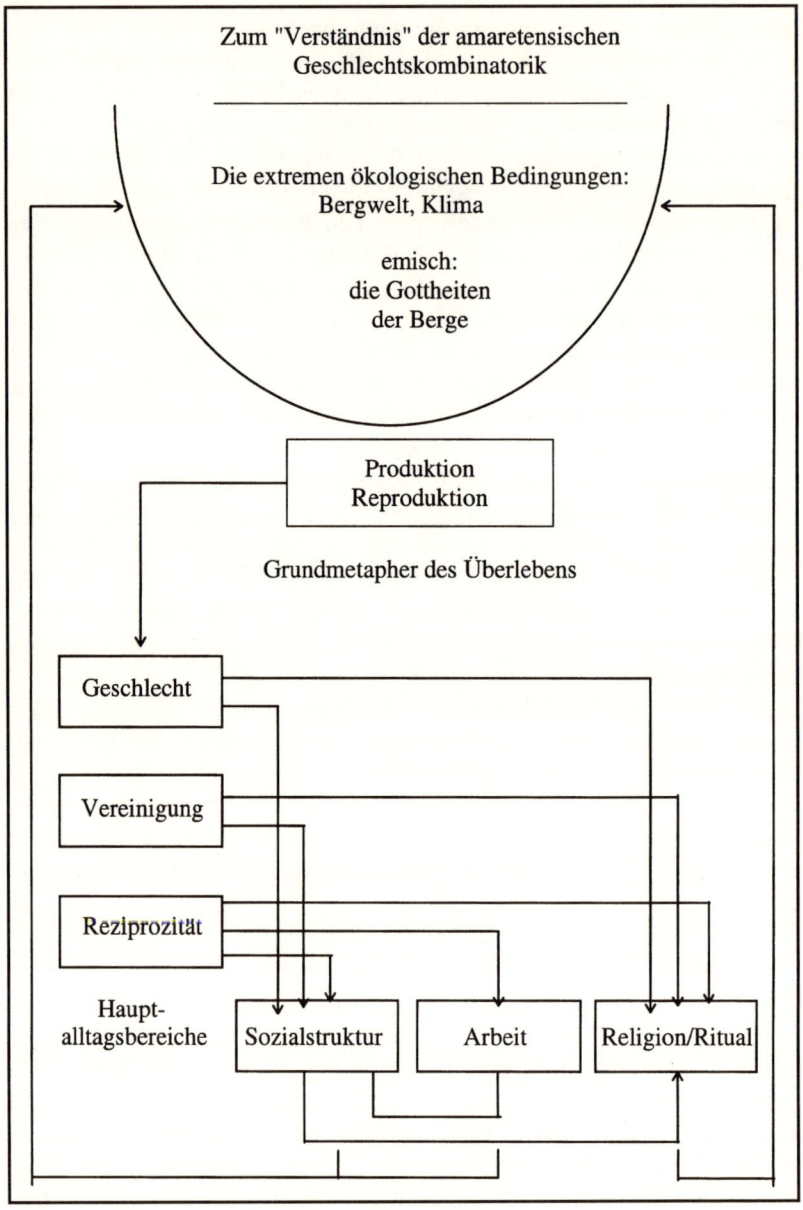

Zum "Verständnis" der amaretensischen
Geschlechtskombinatorik

Die extremen ökologischen Bedingungen:
Bergwelt, Klima

emisch:
die Gottheiten
der Berge

Produktion
Reproduktion

Grundmetapher des Überlebens

Geschlecht

Vereinigung

Reziprozität

Haupt-
alltagsbereiche   Sozialstruktur   Arbeit   Religion/Ritual

Übersicht 12: Überlebensmetaphern und Lebensbereiche in Amarete beeinflussen oder sollen die Ausgangsbedingung beeinflussen, die extreme ökologische Situation: Arbeit ebenso wie Ritual und Sozialstruktur – ihrer aller Funktion ist es, den Ertrag der Erde zu steigern: *tawicho* zu sichern, Nahrung.

(2) Abschließend noch einige Anmerkungen zur transkulturellen Relevanz der zehn Geschlechter von Amarete („So what?"). Was lernen nun WIR aus diesem Zehn-Geschlechtersystem? Bei der Beantwortung dieser Frage möchte ich ganz bescheiden sein. Ich möchte nur zwei Punkte kurz erwähnen: Selbsterkenntnis und Fremdentoleranz.

Der Blick in fremde Kulturen erweitert, bereichert, hinterfragt und relativiert unsere eigen-kulturellen Konzepte und Sichtweisen. Aber natürlich entthront er uns auch als die vermeintlich einzigen Erdbewohner, welche die Dinge im richtigen Licht sehen. Nur zwei Geschlechter? Warum denn? Im Bereich symbolischer Ausgestaltung gibt es transkulturell betrachtet kein „richtiges" Licht.

Was wir auch im Blick auf das Fremde lernen können, sind andere Haltungen, andere Einstellungen, andere Wertungen.

Aus dem Fremden lernen wir als erstes: Die Welt ist wahrhaftig nicht einheitlich. Die Menschen verschiedener Kulturen haben viele verschiedene Weisen des Denkens und Handelns erfunden – zehn versus zwei Geschlechter! Und diese ganz anderen Formen des Denkens und Handelns haben ihren tiefen Sinn und KÖNNEN sozial ungemein konstruktiv sein.

Kann man angesichts der Vielfalt kultureller Erfindungen des Menschen und der Sinnhaftigkeit dieser Erfindungen nicht an allererster Stelle nur ACHTUNG haben vor dem Fremden?

Kann man angesichts der Vielfalt kultureller Erfindungen des Menschen und des sozialen Wertes dieser verschiedenen Erfindungen nicht an allererster Stelle nur TOLERANZ üben gegenüber dem Fremden?

Kann man sich nicht auch fragen, wie unvollständig, defizitär WIR sind, eingeklemmt in unsere eigenen kulturellen Muster?

Im Spiegel des Fremden sollten wir unsere eigene Ausschnitthaftigkeit erkennen können: Wir realisieren in uns immer nur einen winzigen Ausschnitt dessen, was die Menschheit an Realisationsmöglichkeiten erdacht hat.

Erkennen wir im Spiegel des Fremden die Ausschnitthaftigkeit unseres Seins – könnten wir dann nicht auch viel offener sein gegenüber dem Fremden, AUCH INNERHALB unserer Kultur?

Was ist das Fremde innerhalb unserer Kultur? Das ist immer das, was man selbst nicht realisiert, was man selbst nicht ist, was den anderen anders macht. Und wie oft wird solcherart Fremdes auch innerhalb unserer Kultur abgewertet.

Wertend, ständig wertend, gehen wir normalerweise durch die Welt, dies ist gut, das ist schlecht, dies mag ich, das nicht – und allzu oft bekommt gerade das Andere, das Fremde die negative Wertung ab.

Eine andere Einstellung wäre – und ich finde, sie ergibt sich aus der Beschäftigung mit fremden Kulturen –, der Andersartigkeit von Menschen innerhalb unserer Kultur mit OFFENHEIT und ACHTUNG zu begegnen und – statt zu werten – das Andere SEIN zu lassen.

DANKSAGUNG

An erster Stelle gilt mein Dank den Bewohnern von Amarete: Sie nahmen mich auf, ließen mich an ihrem Alltag und Ritual teilnehmen und lehrten mich, vieles von ihrer Welt zu verstehen. Besonderer Dank gilt den Ritualisten und/oder Ritualkennern Pascual Tapia, Ubaldo Kuno und Isidro Valentin Kuno. Dankbar anerkenne ich die unentbehrliche Hilfe meiner Forschungsmitarbeiter in Bolivien, insbesondere Haydée Torres und Ginés Pastén. Dank gilt auch den Forschungsförderungsinstitutionen, die meine Anden-Forschung finanziell unterstützten oder noch unterstützen: Deutsche Forschungsgemeinschaft, Robert Bosch Stiftung und Volkswagen-Stiftung sowie meinen Mitarbeiterinnen in Ulm: Silvia Gray, Christiane Wahl und, zeitweilig im „Feuerwehreinsatz", Jutta Kiefer.

ANMERKUNGEN

1 Der Gebrauch des Namens „Kallawaya" ist uneinheitlich. Die einen sprechen von Kallawaya-*Indianern,* die anderen von Kallawaya-*Medizinmännern* – d. h. einer Teilgruppe jener Indianer. Nach OBLITAS POBLETE (1970) leitet sich der Name wahrscheinlich von den Aymara-Worten *qolla* und *huaya* her – das eine heißt „Kräutermedizin", das andere „tragen". Die Kallawayas wären dann die „Heilkräuter-Tragenden". Da die Etymologie jedoch noch umstritten ist, verwende ich „Kallawaya" nicht nur für die Medizinmänner, sondern auch für die Gesamtgruppe und als Kurzkennzeichnung auch für die Region und Kultur, welcher die Kallawaya angehören.

2 Hier können nur ungefähre Angaben gemacht werden, weil keine regional differenzierten Daten vorliegen.

3 Vgl. dazu die detaillierte Darstellung in KRESSING (1995).

4 In JACOBS und CROMWELL (1992) wird ein Fall von „sieben" Geschlechtern berichtet. Die Originaldaten (von 1904–1908) von W. Bogoras waren mir nicht zugänglich. Wie aus Tabelle 2, S. 52, jedoch erkenntlich, handelt es sich dabei nicht um sieben unterschiedliche Geschlechter, sondern um STUFEN der Geschlechtsumwandlung.

5 Übersichten vgl. BAUMANN 1950, 1955/1986; HERDT 1994; RÖTTGER-RÖSSLER 1997; SANDAY und GOODENOUGH 1990.

6 Zur Institution des Berdachen vgl. CALLENDER und KOCHEMS 1983; LANG 1990, 1994, 1997; ROSCOE 1987, 1991, 1994, 1997; SCHNARCH 1992; WHITEHEAD 1981; WILLIAMS 1986/1992, 1993.

7 Zur Gynaegamie vgl. AMADIUME 1987; CADIGAN 1998; GREENE 1998; HERSKOVITS 1934; HUBER 1968/69; KNÖDEL 1997; KRIGE 1974; OBOLER 1980, 1985; TIETMEYER 1985, 1991, 1994.

8 Zur Polygynie vgl. BESTEMAN 1995; BRETSCHNEIDER 1995; GWAKO 1998; HEATH UND HADLEY 1998; HIRSCHBERG 1988; MEEKERS und FRANKLIN 1995; STRASSMANN 1997; WHITE 1988.

9 Zur Polyandrie und Polygyandrie vgl. BEALL und GOLDSTEIN, 1981; BERREMAN 1962, 1975, 1978; BHATT 1991; CASSIDY und LEE 1989; CHANDRA 1972, 1973, 1987; CROOK 1994, 1996; CROOK und CROOK 1988; FERNANDEZ 1981; FISCHER 1952; GOLDSTEIN 1971, 1976, 1977, 1978; GOLDSTEIN und KELLY 1987; GUPTA 1985; HAAS 1965; HERMANNS 1953; HIATT 1980; HIRSCHBERG 1988; JAHODA 1994; KAWAKITA 1966–67; LE CALLOC'H 1987; LEVINE 1988; LEVINE und SILK 1997; MAJUMDAR 1954–1955, 1960/1963; MANN 1978; NANDI 1977; OTTERBEIN 1968; PARMAR 1975; PETER PRINCE OF GREECE 1948, 1955a, 1955b, 1963, 1965; PHYLACTOU 1989; PITTARD 1900; PRASANNA 1996; RAHA und COOMAR 1987; RIZVI 1987; SAKSENA 1962; SAMAL et al. 1996; SARKAR 1973; SCHULER 1978, 1983, 1987; SHARMA 1987; SMITH 1998; TAMBIAH 1966; TREVITHICK 1997; UJFALVY 1884; UNNY 1994.

10 *Wachu* heißt Saatfurche, es bezeichnet auch das für die Einsaat bereitete Feld (ACADEMIA 1995).

11 *Sayaña* ist ein Aymara-Wort. Es bedeutet Parzelle von Ackerland, Individualbesitz des indianischen Bauern (DE LUCCA 1983).

12 Auch das geschieht jedoch keinesfalls einheitlich.

VERZEICHNIS DER ÜBERSICHTEN

Übersicht 1:   Die zehn Geschlechter von Amarete (S. 22)
Übersicht 2:   Die *wachu-* und Amtsgeschlechtlichkeit des amaretensischen Syndikates (S. 24)
Übersicht 3:   Das Geschlecht von Umwelt, Acker und Amt (S. 25)
Übersicht 4:   Sitzordnung der Syndikatsmänner in Amarete (S. 28)
Übersicht 5:   Handlungsordnung nach Geschlecht (S. 30)
Übersicht 6:   Gehordnung nach Geschlecht (S. 30)
Übersicht 7:   Sechsfache Verheiratung bei der geschlechtlichen Zuordnung von Amt, Opfertier und Opferstätte (S. 34)
Übersicht 8:   Die Lage von Amarete am Hang (S. 43)
Übersicht 9:   Die dreifache Geschlechtsbestimmung von horizontalem Raum in Amarete (S. 45)
Übersicht 10:   „Widersprüche" der Sitzordnung doppelgeschlechtlicher Amareteñer (S. 48)
Übersicht 11:   Ablaufskizze eines amaretensischen Kollektivrituals (Feldforschungs-skizze) (S. 61)
Übersicht 12:   Überlebensmetaphern und Lebensbereiche in Amarete (S. 68)

ZITIERTE LITERATUR

ACADEMIA MAYOR DE LA LENGUA QUECHUA (1995), *Diccionario Quechua-Español-Quechua, Qheswa-Español-Qheswa Simi Taqe.* Cusco: Municipalidad del Qosqo.

AMADIUME, I. (1987), *Male Daughters, Female Husbands. Gender and Sex in an African Society.* London: Zed Books.

ANDRADE, R. D' (1995), Objectivity and militancy: A debate. Moral models in anthropology. Current Anthropology 36 (No. 3), 399–408.

ANDRADE, R. D' (1997), *The Development of Cognitive Anthropology.* Cambridge: Cambridge University Press.

BAUMANN, H. (1950), Der kultische Geschlechtswandel bei Naturvölkern. Zeitschrift für Sexualforschung 3–4, 259–297.

BAUMANN, H. (1955/1986), *Das doppelte Geschlecht. Ethnologische Studien zur Bisexualität in Ritus und Mythos.* Berlin: Dietrich Reimer.

BEALL, C.M., GOLDSTEIN, M.C. (1981), Tibetan fraternal polyandry: A test of socio-biological theory. American Anthropologist 83 (No. 1), 5–12.

BERREMAN, G.D. (1962), Pahari polyandry: A comparison. American Anthropologist 64, 60–75.

BERREMAN, G.D. (1975), Himalayan polyandry and the domestic cycle. American Ethnologist 77 (No. 2), 127–138.

BERREMAN, G.D. (1978), Ecology, demography, and domestic strategies in the Western Himalayas. Journal of Anthropological Research 34, 326–368.

BESTEMAN, C. (1995), Polygyny, women's land tenure, and the „mother-son partnership" in southern Somalia. Journal of Anthropological Research 51 (No. 3), 193–213.

BHATT, G.S. (1991), *Women and Polyandry in Rawain Jaunpar.* Jaipur/New Delhi: Rawat Publications.

BLEIBTREU-EHRENBERG, G. (1970), Homosexualität und Transvestition im Schamanismus. Anthropos 65 (No. 1/2), 189–228.

BLEIBTREU-EHRENBERG, G. (1984), *Der Weibmann. Kultischer Geschlechtswandel im Schamanismus. Eine Studie zur Transvestition und Transsexualität bei Naturvölkern.* Frankfurt/Main: Fischer Taschenbuch Verlag.

BLEIBTREU-EHRENBERG, G. (1997), Zur Rolle der „Weibmänner" im Schamanismus. In: VÖLGER, G. (Ed.), *Sie und Er. Frauenmacht und Männerherrschaft im Kulturvergleich* (Vol. 2). Köln: Ethnologica, 121-128.

BOWLIN, J.R., STROMBERG, P.G. (1997), Representation and reality in the study of culture. American Anthropologist 99 (No. 1), 123–134.

BRETSCHNEIDER, P. (1995), *Polygyny: A Cross-Cultural Study.* (Uppsala Studies in Cultural Anthropology) Stockholm: Almqvist & Wiksell International.

CADIGAN, R.J. (1998), Woman-to-woman marriage: Practices and benefits in sub-Saharan Africa. Journal of Comparative Family Studies 29 (No. 1) 89–98.

CALLENDER, C., KOCHEMS, L.M. (1983), The North American Berdache. Current Anthropology 24 (No. 4), 443–470.

CASSIDY, M.L., LEE, G.R. (1989), A study of polyandry: A critique and synthesis. Journal of Comparative Family Studies 20, 1–11.

CHANDRA, R. (1972), The notion of paternity among the polyandrous Kanet of Kinnaur, Himachal Pradesh. Bulletin of the Anthropological Survey India 21 (No. 1 & 2), 80–87.

CHANDRA, R. (1973), Types and forms of marriage in a Kinnaur village. Man in India 53 (No. 2), 176–187.

CHANDRA, R. (1987), Polyandry in the north-western Himalayas: Some changing trends. In: RAHA, M.K., COOMAR, P.C. (Eds.): *Polyandry in India.* Delhi: Gian Publishing House, 130–154.

CLIFFORD, J. (1986), The topological realism of Michel Leiris. Sulfur 15, 4–125.

CLIFFORD, J., MARCUS, G.E. (Eds.) (1986), *Writing Culture. The Poetics and Politics of Ethnography* (A School of American Research Advanced Seminar, Santa Fe, N. M., April 1984). Berkeley/Los Angeles: University of California Press.

CROOK, J.H. (1994), Explaining Tibetan polyandry: Socio-cultural, demographic, and biological perspectives./Himalayan Buddhist Villages. Shri Jainendra Press (New Delhi), 735–786.

CROOK, J.H. (1996), Ecology and culture in the adaptive radiation of Tibetan-speaking people in the Himalayas. In: OSMATON, H., DENWOOD, P. (Eds.), *Recent Research in Ladakh,* 4 & 5. Delhi: Motilal Banarsidass.

CROOK, J.M., CROOK, S.J. (1988), Tibetan polyandry: Problems of adaptation and fitness. In: BETZIG, L., BORGERHOFF MULDER, M., TURKE, P. (Eds.), *Human Reproductive Behavior. A Darwinian Perspective.* Cambridge: Cambridge University Press, 97–114.

DEVEREUX, G. (1973), *Angst und Methode in den Verhaltenswissenschaften.* München: Hanser-Verlag.

FERNANDEZ, R.L. (1981), Comments on Tibetan polyandry: A test of sociobiological theory. American Anthropologist 83, 896–897.

FISCHER, H.T. (1952), Polyandry. International Archives of Ethnography 46, 106–115.

GOLDSTEIN, M.C. (1971), Stratification, polyandry and family structure in Central Tibet. Southwestern Journal of Anthropology 27 (No. 1), 64–74.

GOLDSTEIN, M.C. (1976), Fraternal polyandry and fertility in a High Himalayan valley in Northwest Nepal. Human Ecology 4 (No. 3), 223–233.

GOLDSTEIN, M.C. (1977), Population, social structure and strategic behavior: An essay of polyandry, fertility and change in Limi Panchayat. Contributions to Nepalese Studies 4 (No. 2), 47–62.

GOLDSTEIN, M.C. (1978), Pahari and Tibetan polyandry revisited. Ethnology 17 (No. 3), 325–337.

GOLDSTEIN, M.C., KELLY, T.L. (1987), When brothers share a wife. Among Tibetans, the good life relegates many women to spinsterhood. Natural History 3, 39–49.

GOTTOWIK, V. (1997), *Konstruktionen des Anderen. Clifford Geertz und die Krise der ethnographischen Repräsentation.* Berlin: Dietrich Reimer.

GREENE, B. (1998), The institution of woman-marriage in Africa: A cross-cultural analysis. Ethnology 37 (No. 4), 395–412.

GREMAUX, R. (1994), Woman becomes man in the Balkans. In: HERDT, G. (ed.), *Third Sex, Third Gender. Beyond Sexual Dimorphism in Culture and History.* New York: Zone Books, 241–281.

78 INA RÖSING

GUPTA, J. (1985), Himalayan polygyandry: Bondage among women in Jaunsar Bawar. In: PATNAIK, U., DINGWANEY, M. (Eds.), *Chains of Servitude. Bondage and Slavery in India.* Madras: Sangam Books, 258–281.

GWAKO, E.L.M. (1998), Polygyny among the Logoli of Western Kenya. Anthropos 93 (No. 4–6), 331–348.

HAAS, S. (1965), Die „Polyandrie" der Jaunsari (Nordindien). Anthropos 60, 369–386.

HEATH, K.M., HADLEY, C. (1998), Dichotomous male reproductive strategies in a polygynous human society: Mating versus parental effort. Current Anthropology 39 (No. 3), 369–374.

HERDT, G. (Ed.) (1994), *Third Sex, Third Gender. Beyond Sexual Dimorphism in Culture and History.* New York: Zone Books.

HERMANNS, M. (1953), Polyandrie in Tibet. Anthropos 48, 637–641.

HERSKOVITS, M.J. (1934), A note on „woman-marriage" in Dahomey. Afrika 10, 335–341.

HIATT, L.R. (1980), Polyandry in Sri Lanka: A test case for parental investment theory. Man (N. S.) 15, 583–602.

HIRSCHBERG, W. (Hrsg.) (1988), *Neues Wörterbuch der Völkerkunde.* Berlin: Dietrich Reimer.

HUBER, H. (1968/1969), „Woman-marriage" in some East African societies. Anthropos 63/64, 745–774.

INE (1993), República de Bolivia, Ministerio de Planeamiento y Coordinación, Instituto Nacional de Estadística: *Censo Nacional de Población y Vivienda 1992. Resultados Finales.* (=INE: CNPV–92).

JACOBS, S.-E., CROMWELL, J. (1992), Visions and revisions of reality: Reflections on sex, sexuality, gender and gender variance. Journal of Homosexuality 23 (No. 4), 43–69.

JAHODA, C. (1994), *Heiratsmuster ausgewählter Gesellschaften Tibetischer Kultur und Sprache, mit besonderer Berücksichtigung der Polyandrie und Prinz Peters Forschungsbeitrag.* Universität Wien (Diplomarbeit).

KAWAKITA, J. (1966–67), Structure of polyandry among the Bhotiyas in the Himalayas. Japanese Journal of Ethnology (Tokyo) 31, 11–27.

KNÖDEL, S. (1997), Spätere Heirat unerwünscht: Besuchsbeziehung und soziale Harmonie bei den Mosuo Südwestchinas. In: VÖLGER, G. (Ed.), *Sie und

Er. Frauenmacht und Männerherrschaft im Kulturvergleich (Vol. 1). Köln: Ethnologica, 339–344.

KOHL, K.-H. (1993), *Ethnologie – Die Wissenschaft vom kulturell Fremden. Eine Einführung.* München: C. H. Beck.

KRESSING, F. (1995), *Westliche Medizin in der Kallawaya-Region. Kontrastive Analyse des Patientenverhaltens in den Anden Boliviens am Beispiel verschiedener Gesundheitseinrichtungen in der Provinz Bautista Saavedra.* (Ulmer Kulturanthropologische Schriften 6) Ulm: Universität Ulm.

KRIGE, E.J. (1974), Woman-marriage, with special reference to the Lovedu – Its significance for the definition of marriage. Africa 44, 11–37.

KUPER, A. (1994), Einheimische Ethnographie, politische Korrektheit und das Projekt einer kosmopolitischen Anthropologie. Anthropos 89 (No. 4/6), 529–541.

LANG, S. (1990), *Männer als Frauen – Frauen als Männer: Geschlechtsrollenwechsel bei den Indianern Nordamerikas.* Hamburg: Wayasbah.

LANG, S. (1994), „Two-Spirit People": Gender variance, Homosexualität und Identitätsfindung bei IndianerInnen Nordamerikas. Kea – Zeitschrift für Kulturwissenschaften (Geschlechterkonstruktionen) 7, 69–86.

LANG, S. (1997), Geschlechtsrollenwechsel und kulturelle Konstruktionen von Hetero- und Homosexualität in indigenen Kulturen Nordamerikas. In: VÖLGER, G. (Ed.), *Sie und Er. Frauenmacht und Männerherrschaft im Kulturvergleich* (Vol. 2). Köln: Ethnologica, 143–148.

LAUER, W. (1982), Zur Ökoklimatologie der Kallawaya-Region (Bolivien). Erdkunde – Archiv für wissenschaftliche Geographie 36 (No. 4), 223–247.

LE CALLOC'H, B. (1987), Un phénomène de géographie humaine: la polyandrie. Le Ladakh au temps d'Alexandre Csoma de Körös (1822–1826). Acta Geographica 3 (Trimester 2).

LEVINE, N.E. (1988), *The Dynamics of Polyandry. Kinship, Domesticity and Population on the Tibetan Border.* Chicago: University of Chicago Press.

LEVINE, N.E., SILK, J. B. (1997), Why polyandry fails – Sources of instability in polyandrous marriages. Current Anthropology 38 (No. 3), 375–398.

LINDHOLM, C. (1995), The new Middle Eastern ethnography. Journal of the Royal Anthropological Institute (N.S.) 1, 1–16.

LINDHOLM, C. (1997), Logical and moral dilemmas of postmodernism. Journal of the Royal Anthropological Institute 3 (No. 4), 747–760.

LUCCA, M. DE (1983), *Diccionario Aymara-Castellano, Castellano-Aymara*. La Paz: CALA – Comisión de Alfabetización y Literatura en Aymara.

MAHNKE, L. (1985), *Anpassungsformen der Landnutzung in einem tropischen Hochgebirge. Der agrare Wirtschaftsraum der Kallawaya-Indianer (Bolivien)*. Aachen: Philosophische Fakultät der Rheinisch-Westfälischen Technischen Hochschule (Dissertationsmanuskript).

MAJUMDAR, D.N. (1954–1955), Demographic structure in a polyandrous village. Eastern Anthropologist 8, 161–172.

MAJUMDAR, D.N. (1960/1963), *Himalayan Polyandry. Structure, Function and Cultural Change. A Field Study of Jaunsar-Bawar*. Bombay: Asia Publishing House.

MANN, R.S. (1978), Ladakhi polyandry reinterpreted. Indian Anthropologist (Delhi: Indian Anthropological Association) 8 (No. 1), 17–30.

MEEKERS, D., FRANKLIN, N. (1995), Women's perceptions of polygyny among the Kaguru of Tanzania. Ethnology 34 (No. 4), 315–329.

MEYERS, R. (1997), „*Cuando el Sol Caminaba por la Tierra*". *Origenes de la Intermediación Kallawaya*. Freie Universität Berlin (Dissertationsmanuskript).

NANDI, S.B. (1977), Status of women in polyandrous society. Man in India 57 (No. 2), 137–151.

OBLITAS POBLETE, E. (1970), *Monografía de la Provincia Bautista Saavedra*. Cochabamba/La Paz: Impreso en Cooperativa de Artes Gráficos E. Burillo.

OBOLER, R.S. (1980), Is the female husband a man? Woman/woman marriage among the Nandi of Kenya. Ethnology 19, 69–88.

OBOLER, R.S. (1985), *Women, Power, and Economic Change. The Nandi of Kenya*. Standford/CA: Stanford University Press.

OTTERBEIN, K.F. (1968), Marquesan polyandrie. In: BOHANNAN, P., MIDDLETON, J. (Eds.), *Marriage, Family, and Residence*. New York: The Natural History Press, 287–296.

PARMAR, Y.S. (1975), *Polyandry in the Himalayas*. Delhi: Vikas Publishing House.

PETER PRINCE OF GREECE, H.R.H. DENMARK (1948), Tibetan, Toda, and Tiya polyandry, a report on field investigations. Transactions of the New York Academy of Sciences 10 (Ser. 2), 210–225.

PETER PRINCE OF GREECE, H.R.H. DENMARK (1955a), Polyandry and the kinship group. Man 55, 179–181.

PETER PRINCE OF GREECE, H.R.H. DENMARK (1955b), The polyandry of Ceylon and South India. In: *Actes du IVième Congrès International des Sciences Anthropologiques et Ethnologiques, Vienne, 1952,* 2, 167–175.

PETER PRINCE OF GREECE, H.R.H. DENMARK (1963), *A Study of Polyandry.* The Hague: Mouton & Co.

PETER PRINCE OF GREECE, H.R.H. DENMARK (1965), The Tibetan family. In: NIMKOFF, M.F. (ed.), *Comparative Family Systems,* Boston: Houghton Mifflin Co., 192–208.

PHYLACTOU, M. (1989), *Household Organisation and Marriage in Ladakh, Indian Himalaya.* London: University of London – London School of Economics (Ph. D. Thesis).

PITTARD, E. (1900), A propos de la polyandrie chez les Thibétains. Bulletin de la Société Neuchâteloise de Géographie (Neuchâtel) 12, 302–305.

PRASANNA, K.S. et al. (1996), Polyandry in a central Himalayan community: An eco-cultural analysis. Man in India 76, 51–65.

RAHA, M.K., COOMAR, P.C. (Eds.) (1987), *Polyandry in India.* Delhi: Gian Publishing House, 130–154.

REYNA, S. (1994), Literary anthropology and the case against science. Man (N. S.) 29, 555–582.

RIZVI, B.R. (1987), Class Formation and conflict in a polyandrous village of Himachal Pradesh. In: Raha, M.K. (Ed.), *The Himalayan Heritage.* New Delhi: Gian Publishing House, 413–426.

RÖSING, I. (1993), *Rituale zur Rufung des Regens. Zweiter ANKARI-Zyklus: Kollektivrituale der Kallawaya-Region in den Anden Boliviens.* MUNDO ANKARI Band 5. Frankfurt: Zweitausendeins.

RÖSING, I. (i. A.), *Die zehn Geschlechter von Amarete. Kollektivrituale der Kallawaya-Region in den Anden Boliviens. Zweiter ANKARI-Zyklus.* MUN-DO ANKARI Band 6 (liegt als Manuskript vor, in Arbeit).

RÖTTGER-RÖSSLER, B. (1997), Männer, Frauen und andere Geschlechter. Zur Relativierung der Zweigeschlechtlichkeit in außereuropäischen Kulturen. In: VÖLGER, G. (Ed.), *Sie und Er. Frauenmacht und Männerherrschaft im Kulturvergleich* (Vol. 2). Köln: Ethnologica, 101–108.

ROSCOE, W. (1987), Bibliography of Berdache and alternative gender roles among North American Indians. Journal of Homosexuality 14 (No. 3/4), 81–171.

ROSCOE, W. (1991), *The Zuni Man-Woman.* Albuquerque: University of New Mexico Press.

ROSCOE, W. (1994), How to become a Berdache: Toward a unified analysis of gender diversity. In: HERDT, G. (ed.), *Third Sex, Third Gender. Beyond Sexual Dimorphism in Culture and History.* New York: Zone Books, 329–372.

ROSCOE, W. (1997), Das Dritte Geschlecht im Mythos und Ritual der Zuni, Nordamerika. In: VÖLGER, G. (Ed.), *Sie und Er. Frauenmacht und Männerherrschaft im Kulturvergleich* (Vol. 2). Köln: Ethnologica, 149–154.

SAKSENA, R.N. (1962), *Social Economy of a Polyandrous People.* Bombay: Asia Publishing House (2nd revised edition).

SAMAL, P.K. et al. (1996), Polyandry in a central Himalayan community: An eco-cultural analysis. Man in India 76 (No. 1), 51–65.

SAMSONOW, E. V. (1997), Projektile in splendid shape (Manuskript).

SANDAY, P.R., GOODENOUGH, R. G. (Eds.) (1990), *Beyond the Second Sex. New Directions in the Anthropology of Gender.* Philadelphia/PA: University of Pennsylvania Press.

SARKAR, N. (1973), The so-called polyandry among the Gallongs. Man in India 53 (No. 2), 128–134.

SCHNARCH, B. (1992), Neither man nor woman: Berdache – A case for non-dichotomous gender construction. Anthropologica 34, 105–121.

SCHOOP, W. (1982a), Güteraustausch und regionale Mobilität im Kallawaya-Tal (Bolivien). Erdkunde 36, 254–266.

SCHOOP, W. (1982b), Anpassung und Ökosysteme – Forschungen im Inka-Gebiet. Universitas 37, 509–514.

SCHULER, S.R. (1978), Notes on marriage and the status of women in Baragaon. Kailash 6 (No. 2), 141–152.

SCHULER, S.R. (1983), *Fraternal Polyandry and Single Women: A Study of Marriage, Social Stratification and Property in Chumik, a Tibetan Society of the Nepalese Himalayas.* Cambridge: Harvard University Press (Thesis).

SCHULER, S.R. (1987), *The Other Side of Polyandry: Property, Stratification, and Nonmarriage in the Nepal Himalayas.* Boulder: Westview Press.

SHARMA, D.D. (1987), Kinship organization of the polyandrous Lahulas. In: RAHA, M.K. (Ed.), *The Himalayan Heritage.* Delhi: Gian Publishing House (Chap. 23), 387–412.

SMITH, E.A. (1998), Is Tibetan polyandry adaptive? Methodological and metatheoretical analyses. Human Nature 9 (No. 3), 225–261.

SPIRO, M.E. (1996), Postmodernism anthropology, subjectivity, and science: A modernist critique. Comparative Studies in Society and History 38 (No. 4), 759–780.

STRASSMANN, B.I. (1997), Polygyny as a risk factor for child mortality among the Dogon. Current Anthropology 38 (No. 4), 688–695.

TAMBIAH, S. (1966), Polyandry in Ceylon – with special reference to the Lagala region. In: FÜRER-HAIMENDORF, C. V. (ed.), *Caste and Kin in Nepal, India, and Ceylon.* London: Asia Publishing House, 264–358.

TIETMEYER, E. (1985), *Frauen heiraten Frauen. Eine vergleichende Studie zur Gynaegamie in Afrika* (Kulturanthropologische Studien, Band 11). Hohenschäftlarn: Klaus Renner Verlag.

TIETMEYER, E. (1991), *Gynaegamie im Wandel. Die Agíkúyú zwischen Tradition und Anpassung* (Kulturanthropologische Studien, Band 17). Hamburg: Lit Verlag.

TIETMEYER, E. (1994), Geschlechterrollenwechsel durch Heirat? Kea – Zeitschrift für Kulturwissenschaften (Geschlechterkonstruktionen) 7, 109–118.

TREVITHICK, A. (1997), On a panhuman preference for monandry: Is polyandry an exception? Journal of Comparative Family Studies 28 (No. 3), 154–181.

UJFALVY, C.E. (1884), Über das Vorkommen der Polyandrie bei den Völkerschaften im westlichen Himalaya. Deutsche Rundschau für Geographie und Statistik 6, 14–20.

UNNY, G. (1994), *Kinship Systems in South and Southeast Asia. A Study.* New Delhi: Vikas Publishing House.

84   INA RÖSING

WHITE, D.R. (1988), Rethinking polygyny: Co-wives, codes, and cultural systems. Current Anthropology 29, 529–572.

WHITEHEAD, H. (1981), The bow and the burden strap: A new look at institutionalized homosexuality in native North America. In: ORTNER, S.B., WHITEHEAD, H. (Eds.), *Sexual Meanings. The Cultural Construction of Gender and Sexuality.* Cambridge/New York: Cambridge University Press, 80–115.

WILLIAMS, W.L. (1986/1992), *The Spirit and the Flesh. Sexual Diversity in American Indian Culture.* Boston: Beacon Press.

WILLIAMS, W.L. (1993), Persistence and change in the Berdache tradition among contemporary Lakota Indians. In: GARNETS, L.D., KIMMEL, D.C. (Eds.), *Psychological Perspectives on Lesbian and Gay Male Experiences. Between Men – Between Women: Lesbian and Gay Studies.* New York: Columbia University Press, 339–347.